新典社選書77

明治、このフシギな時代

矢内賢二編

新典社

はじめに

本書は、二〇一四年七月から九月にかけて開講された東京藝術学舎（https://gakusha.jp/）の講座「明治、このフシギな時代」（全五回）の内容を書籍化したものである。とはいえいわゆる講義録ではなく、さりとて専門的な論文集というわけでもない。「こういうテーマに関心のある学生や一般の方がまず最初に読んでみて、さらにもう一歩、関心を絞ったり深めたりできるような知的読み物」というところを目指し、講義内容に基づいて新たに執筆された文章を集めてある。

明治は近代のはじまりということになっていて、「近現代」というくくりで言うならば、私たちが息をしているこの現代と明治時代とは同じ引き出しに収まってしまうことになる。現に、着物とチョンマゲの江戸時代よりはずっとこちら側に近いような気もするから、なんとなく自分たちと地続きの時代のような印象をもっている。しかし私たちは明治という時代について、一体どれだけのことを知っているだろうか。

日本史の授業では明治時代はどちらかというと花形の方で、教わる事柄が山ほどある。しかしそのほとんどは、政治制度や法律や外交に関するものであって、文化の出番は驚くほど少ない。せいぜいが文明開化に鹿鳴館、言文一致に福沢諭吉。誰もが教科書で挿絵を見たことのある『安愚楽鍋』も、原文を読む機会はまずないだろう。もっと身近な生活文化、例えば当時の人々が何を着て何を食べどんな家に住んでいたか、聴いた音楽は、見た芝居は、ということになると、具体的なイメージがとんと浮かばない。

中村草田男の「降る雪や明治は遠くなりにけり」は昭和六年（一九三一）の句である。そこから八十年が経ち、明治という時代が終わりを告げてからは一〇〇年が経った。明治ははるか遠い過去であって、とりわけ明治の文化はあまりにも知られていない。しかしそこには、現代人の発想の枠を軽々と飛び越える、奇妙な魅力と躍動感とが満ちている。これはもっとみんなでおもしろがらないともったいないのではないだろうか。

京都造形芸術大学の川合健太さんとそんな話をするうちに、川合さんの肝煎りでこの連続公開講座がスタートし、幸いにもこうして一冊の本としてまとまることになった。川合さんをはじめ東京藝術学舎のスタッフのみなさん、講座の受講生のみなさん、そして編集の小松由紀子さんに、心より御礼を申し上げる。

矢内　賢二

目　次

《演劇》

第一章　市川団十郎は大根役者だったか

――江戸の歌舞伎と明治の〈写実〉――

矢内賢二

九代目市川団十郎（天保九年〈一八三八〉～明治三十六年〈一九〇三〉）は、明治期の歌舞伎を代表する名優である。当時の歌舞伎界を牽引する両輪として共に活躍した五代目尾上菊五郎（天保十五年〈一八四四〉～明治三十六年〈一九〇三〉）とは「団菊」と並び称され、さらに初代市川左団次（天保十三年〈一八四二〉～明治三十七年〈一九〇四〉）を加えて「団菊左」と呼びならわす。その卓抜した演技から「劇聖」とも言われ、今日の歌舞伎の少なからぬ部分は、団十郎の編み出した演出や演技、またその土台となった考え方の上に成り立っている。つまりは現代の歌舞伎にとっての偉大なる「お手本」と言っていい。なにも明治期と限るには及ばない、日本の演劇史上に燦然と輝く名優である。

ところがこの団十郎が、若い頃の演技ではとかくに評判が悪く、役者としては最も屈辱的な「大根《だいこ》」という嘲りを受けていた。それでも徐々にほめられるようになるのがようやく三十歳になった頃であり、中年を過ぎてから尻上がりに高い評価を得るようになる。大器晩成というにも遅すぎる開花。しかもその芸に対する周囲の評価が、負から正へとがらりと逆転したのは一体どういうわけだろうか。

九代目市川団十郎
(以下、特記のない掲載写真は
『舞台之団十郎』(大12)による)

彼が数えの三十歳になったのは一八六七年で、その翌年がちょうど明治元年にあたる。明治という新しい時代の幕開けとともに、彼の役者としての位置づけも大きく転換していくわけだ。江戸から明治へという時代の変化は、なぜ「大根」から「劇聖」への変身を可能にしたのか。そこには演劇表現にまつわる価値観の大きな変化があり、その重要なキーワードは「写実」であった。彼の役者人生を順にたどりながら、明治期の歌舞伎における「写実」の意義について考えてみたい。

一　「大根の権ちゃん」

父親は七代目市川団十郎（寛政三年〈一七九一〉～安政六年〈一八五九〉）。文化文政期（一八〇四～三〇）から天保期（一八三〇～四四）にかけて活躍した。江戸の歌舞伎において、市川団十郎の名前は特別な意味をもつ。江戸に歌舞伎の礎を築いた元禄期の初代団十郎以来、人々の市川家に対する敬愛は民俗的な信仰に近いものになっていた。とりわけ七代目は豊かな才能に恵まれた役者であった上に、家の芸を「歌舞伎十八番」として選定したこと、能の演出を採り入れた『勧進帳』を初演したことでも歴史に名を残している。狂歌・俳諧をよくした文人としても知られる多才な人であった。

九代目はその七代目の五男として生まれ、本名を堀越秀《ひでし》という。生まれて七日目に河原崎座の座元（興行権者）である河原崎権之助の養子になり、三代目河原崎長十郎と名乗った。

正徳四年（一七一四）以降、江戸で幕府の正式な許可を得て歌舞伎の興行を行うことができる芝居小屋は、中村座・市村座・森田座（後に守田座）の三座に限られていた。これを一般に江戸三座といい、江戸の興行界で圧倒的な権威を誇っていた。しかし時として興行不振等のために経営難に陥ってしまうこともある。こうした場合、興行の名義を一時的に他の座に預け、興行権が断絶してしまわないように取り計らう慣習があった。この代理興行を行う特定の座を「控櫓」といい、河原崎座は森田座の控櫓であった。つまり団十郎は、江戸三座に次いで格式のある河原崎座の座元を継ぐべき者として、名門の市川家から養子に迎えられたのである。いわば歌舞伎界のエリートである彼は、幼い頃から踊り・音曲・茶の湯などの厳しい英才教育を叩き込まれた。

嘉永五年（一八五二）九月、権十郎と改名。なにしろ血筋・家柄には恵まれた御曹司だった。ほぼ同世代のライバルには、前述の五代目尾上菊五郎や、三代目沢村田之助（弘化二年〈一八四五〉～明治十一年〈一八七八〉）がいた。

彼らよりも団十郎の方が六～七歳年上にあたるが、青年時代の団十郎はこの田之助と菊五郎にさんざんいじめられ、泣き寝入りをするのが常だった。特に田之助は、女方に似合わず異常に気の強い性格で、しばしば団十郎に喧嘩をふっかけ、気の弱い団十郎が泣顔をするのを見て喜ぶという有様だった。

田之助も菊五郎も、十代のうちから人気と実力とを兼ね備えた文字通りの花形役者だった。

それにひきかえ、当時の団十郎に与えられた仇名は「大根の権ちゃん」。スターならではの天性の華やかさと演技力に恵まれた彼らに比べて、若き日の団十郎はひどく不器用で下手な役者だとみなされた。当時長老格だった三代目中村仲蔵は、今戸に住んでいた団十郎のことを「綺麗な大根が今戸河岸の方へ流れていった」と皮肉った。[1] ちなみに下手な役者を大根と呼ぶ理由については諸説あるが、大根はどう調理して食べても食当たりが起きないことから、何をやっても「当たらない」役者だ、というのが最もそれらしい。

当時の役者たちのせりふ廻しを評する、こんな文句が残っている。

薪車増長、田之高慢、芝翫ボンヤリ、権チヤアーんなま〲[2]

薪車（新車）は五代目市川門之助（文政四年〈一八二一〉～明治十一年〈一八七八〉）のこと。田之は田之助で、芝翫は四代目中村芝翫（文政十三年〈一八三〇〉～明治三十二年〈一八九九〉）。門之助と芝翫は田之助・団十郎よりひと世代上の先輩格にあたる。団十郎に与えられた「なま〲」という評言の意味がいまひとつはっきりしないが、「若年の頃は何となく『なま〲』とした風で」田之助や菊五郎に遅れをとっていた、ともあるから、演技が未熟で、芝居としての工夫や面白味が足りないというくらいの意味だろうか。

当時の舞台を知る人たちの証言を見ても、評判は一様に芳しくない。

兎に角に団十郎が少年時代も青年時代も極めて不評判なる方にて、たゞ当時の子女間に流行せし役者愛慕熱の勃興にて少なからぬ人気を繋ぎ得たるのみ

（松居真玄『団州百話』明治三十六年）

かれは座方の一粒種でその点は大きに何処へ向いても顔がよく通るけれども、舞台の上の争いはいつも劣るというふやうなわけで、子役同志を競べてみてもまことに引立たない子役であった(3)

読むほどに気の毒になってくるが、こう辛辣に書くしかないほどに、同時代の観客の目からは若き日の団十郎がへたくそに見えたのだろう。

二　団十郎襲名への道

やがて彼の人生を大きく変える出来事が起こる。嘉永七年（一八五四）八月、兄の八代目団十郎が興行中の大坂で自死する。享年三十二歳という若さ、しかもその美貌と華やかな芸で人気を集めている最中のことだった。出演の契約に関して生じた不義理を苦にしたともいわれるが、はっきりした理由はわからない。

そのとき権十郎は十七歳だった。死んだ八代目は七代目の長男だから継ぐべくして団十郎の名を継いだのだが、いまその団十郎が死んだ。弟の二男・三男には役者としての見込みがなく、四男はすでに夭折している。六男・七男はまだ幼い。そこで団十郎襲名のお鉢が五男の権十郎に廻ってきた。江戸歌舞伎の象徴ともいえる団十郎への道が、にわかに彼の前に開けてきたのである。歌舞伎役者にとっては、実力だけではなく「立場」や「名前」がことのほか重要である。単に周囲からどう扱われるかという問題だけではなく、それが当人の芸にも多大な影響を及ぼす。重要な名跡を継いだ途端に、技芸が目に見えてめきめきと上達する、というようなことがしばしば起こる。

団十郎の場合はどうだったか。残念ながら硬い不器用な芸風はあいかわらずだが、襲名に向けての周囲の熱い期待の中、若手の立役として徐々に認められるようになっていった。

> 今の団十郎の売出したのは、左様ですな、『小猿七之助』のお坊吉三で、あれが団十郎の二十の年ですな、（略）翌年の春『黒手組の助六』に牛若伝次、そこいらが売出した初めですな[4]

「小猿七之助」は安政四年（一八五七）七月の『網模様灯篭菊桐《あみもようとうろのきくきり》』、「黒手組の助六」は安政五年（一八五八）三月の『江戸桜清水清玄《えどざくらきよみずせいげん》』を指す。

お坊吉三といえば河竹黙阿弥の「三人吉三」をすぐに思い出すが、それに先立って「小猿七之助」にも食い詰め者の浪人で狂言回し的な役どころとして登場している。お坊吉三も牛若伝次も、スッキリとした爽やかな若者や、恋模様を演じる色っぽい男ではなく、暗い陰翳と屈折を感じさせる役どころである。こういう役の評判が良かったということは、当時の団十郎自身がその種のどこか陰にこもった雰囲気をもっていたということだ。

万延元年（一八六〇）七月には、八代目団十郎の七回忌にあたって「切られ与三」を演じている。与三郎は八代目が初演した彼の代表的な当たり役で、早世した兄を偲び、団十郎襲名への期待を盛り上げるのにはうってつけの演目だった。「作り万端八代目写しにて、見物一統に大悦《よろこ》びでムり《ござ》升《まし》た」⑸と、兄の面影を慕う観客には受けが良かったが、演技については「随分場当りは致《いたし》たなれど、兎角口跡が時代めいて、ゆすりの場も今一《ひ》と際《きわ》手軽く仕手《して》もらいたく」と注文がついた。「時代めいて」は、演技が大仰で様式的であることをいう。「切られ与三」は「生世話物」といわれるように、世話物の中でも特に日常的な感触の、リアルな演技が求められる。当時の団十郎は、粋で軽やかな江戸前の世話物には向かない、重々しい芸風に難があった。観客がもっと「手軽」いせりふ廻しを望んだのはそこのところである。

歌舞伎は技術に加えて役者本人の「ニン」（仁、生来身についた雰囲気）が大きくものをいう演劇だから、そういう重々しい持ち味が役によってはぴったり合致して活きることにもなる。団十郎の場合には、時代物の、理屈っぽく分別のある渋い中年男の役にそれが活きた。

『霧太郎』の狂言に家老某の役、拵《こしら》へと云ひ動作と云ひ自然を極めた。座頭《ざがしら》の小団次が是を見て『権さんにも困つたものだ、今の若さでアノ役が良いやうじやア』と嘆息した。

（榎本虎彦『桜痴居士と市川団十郎』明治三十六年）

この時団十郎は二十七歳。「まだ若さで売る年頃のくせに、渋くて地味な中年の役がぴったり似合うようじゃ先が思いやられる」と先輩を嘆かせた。ということは、少なくともこういう性格の役どころに限っては非常に高い点数が付いたということだ。

先に紹介したお坊吉三について「台詞廻し一本調子で不評であつた」（同右）という証言がある一方で、「その頃から団十郎は白《せりふ》廻しの歯切がして好《よ》くなりました(6)」という声も残っている。潮の変わり目とでもいおうか、団十郎の行く手にようやく光が射しはじめたのが、十年後に明治維新を控えたこの時期だったといえるだろう。

団十郎は飛び抜けて恵まれた環境にいるのに一向に芸の花が咲かない、はた目にはもどかしい状況にあった。しかしどうやら本人は泰然自若としていて、それが周囲をいらだたせることがあったらしい。そこでまたの仇名を

取りつくのが菊五郎。

「御茶壺」といった。将軍に献上される御茶壺を運ぶ行列が権威をかさに着て街道沿いの人々を困らせたことから、傍若無人の空威張りのことをいう。田之助、菊五郎がいかにも役者らしいチャラチャラした若者だったのに対し、団十郎は「いつも黒の羽織に黄八丈の小袖を着け、浅黄の襦袢を肌につけ居る抔《など》、如何にも若旦那らしきつくりのみなし居るに」（『団州百話』）という、やけに落ち着いた身なりだった。若いくせにもっともらしく収まりかえっていて、それがまたライバルたちのカンにさわったのだろう。

おもしろい戯画が残っている。《花《はな》

《花競昇勝業》（早稲田大学演劇博物館所蔵）
石段左上、左手を伸ばして立つのが団十郎。その腰に

競《くらべ》昇《のぼる》勝業《うでまえ》》（元治元年〈一八六四〉）といって、当時の花形役者たちが出世の階段を競い合い昇って行く様子が似顔絵で描かれている。

団十郎「コウ太夫もと、おめえがいくらあらそつてもおいらとあらそふのハチツトむだゞ。夫《それ》よりやア今、田の太夫（※田之助）がのぼつていきそうだから、田のとあらそうほうがよかろう」

菊五郎「田の太夫にかつた所がおかしくもねへ。おまへハひとりで上手ぶるから、てんぐのはなををらねへじやア、しゆぎやうをするせんがねへ」

「俺と争っても無駄だから、売り出し中の田之助と競争した方がよかろう」と軽くいなす団十郎に、菊五郎が「田之助と争ってもつまらねえ、おまえの天狗の鼻を折らなきゃ役者修業をする甲斐がねえ」と突っかかる。団十郎の芝居ぶりは、共演者や観客の目には「ひとりで上手ぶる」と見える性質のものだった。果たして自分の才能に確固たる自信があったものか、あるいは単に無頓着なだけだったのか。若き日の団十郎の心中を知ることのできる資料はあいにく見当たらない。

三　「活歴」の時代へ

元号が明治に変わった途端に変事が起きる。元年九月、養父の六代目河原崎権之助が押し入ってきた強盗に斬殺された。団十郎は風呂場（長持の陰ともいう）に隠れて難を逃れたが、斬られた権之助がゾッとするようなうめき声をあげるのを聞いた。団十郎は後に「湯殿の長兵衛」の幡随院長兵衛が死ぬ場面で、この時に聞いた養父の断末魔の声を真似て演じたという（市川三升『九世団十郎を語る』昭和二十五年）。

翌年三月、三十二歳のときに七代目河原崎権之助を襲名し、市村座の座頭《ざがしら》の地位におさまった。当時の座頭は出演者の代表として興行計画や舞台演出への強い発言権をもっており、これは団十郎が自分のやりたい芝居をある程度主導できるようになったことを意味する。

これまでの団十郎は、少なくともはた目に見る限りは「煩悶の時代」にあった。菊五郎や田之助とちがって、時代の好みと彼の芸風とがチグハグに食い違っていた。しかし元号が明治になってからは、団十郎が徐々に自分の居場所を見出し始めたように見える。おそらくその端緒として位置付けられるのが、明治二年（一八六九）八月に守田座で上演された『桃山譚《ももやまものがたり》』

（地震加藤）である。

文禄五年（一五九六）九月五日の真夜中に伏見大地震が起きた。その時、石田三成の讒言で秀吉の怒りを買い謹慎中だった加藤清正が真っ先に桃山城へ駆けつけ、動けない秀吉を背負って助け出し謹慎を許された、という俗談を脚色した演目である。

主人公の加藤清正は、それまでの歌舞伎でもおなじみの登場人物だった。ただし近世の演劇では同時代の人物を実名で登場させることがはばかられたため、本名をもじった変名を用いる。例えば明智光秀が武智光秀、羽柴秀吉が真柴久吉という具合である。加藤清正の場合は「佐藤正清」という名前で登場するのがならわしになっていた。

歌舞伎の佐藤正清は、たいていは黒びろうど生地の着付に金ぴかの織物の裃を身につけ、顔は赤く塗った「赤っ面」、時には「隈」を取って登場する。時代物の登場人物としても特に大仰で派手な扮装だが、この姿は正清が超人的な剛勇無双の豪傑であることを視覚的に表現している。虎退治などで勇名を馳せ、のちに「清正公様《せいしょうこう》」として祀られるほどの尋常でないパワーをもつ武人である、ということを示している。

ところが団十郎は、この今日から見るといかにも歌舞伎らしい扮装から方向転換を図った。団十郎の正清は鎧を身につけた戦国武将の臨戦態勢の姿で、顔の化粧は隈取が消えてうんと素顔に近くなり、加藤清正のシンボルである立派なあごひげをたくわえている。彼はこの後、明治六年（村山座）、十三年（新富座）と『桃山譚』を繰り返し上演しているが、役名には「加藤主計頭清正」と実名を用いるようになっている。さらに晩年（三十五年三月）に清正を演じた写真が残っているが、もはやかつての伝説的英雄「佐藤正清」からは遠く離れ、戦国時代を生きて死んだ一人の武将が造形されるに至っているように見える。

団十郎は、江戸時代の歌舞伎を通じて人々の間に浸透していた佐藤正清のイメージを拒否し、かつて実在した加藤清正その人を舞台上に再現してみせようとした。デフォルメされた豪傑ではなく、リアルな生身の人間を表現しようとした。このように歴史的事実をそのまま舞台に再現してみせること、これが団十郎における「写実」の精神の根本にある。それはまず紛うことなき「本物」の存在することが前提となっ

団十郎の加藤清正（明治三十五年三月）

ていて、それをできるだけ忠実にコピーしようという考え方である。これは、役者も観客も暗黙の合意の上で、嘘を嘘と承知の上で楽しむという、旧来の歌舞伎のありようからは生まれなかった発想である。団十郎は江戸以来の「お芝居」の世界、現代風にいうなら「お約束」の世界に否を突き付けたのだと言ってもいい。

しかし為政者が変わり元号が変わったからといって、人の身にしみ込んだ感覚や考え方までもが突然に変わってしまうわけではない。この団十郎の「事実のとおりに演じる」という急進的な写実主義は、当然のことながら、共演者にも観客にも即座にスムーズに受け入れられるわけにはいかない。「お芝居」の世界に住んでいる人々との間におのずと摩擦を引き起こすことになる。

次に団十郎が独自の演出と演技で共演者や観客たちを驚かせた事件をいくつか紹介してみよう。

○「柝なし」の幕切れ事件

ほとんどの歌舞伎の演目では、幕明きと幕切れに必ず「柝《き》」が入る。幕切れならば、「なにがなにして……」というせりふや浄瑠璃の切れ目でまず一つ「チョン」と「柝の頭《かしら》」が入った後、幕が閉まっていくのに合わせて「チョンチョンチョン……」と細かく「キザミ」の柝が打たれる。

ところが明治四年（一八七一）八月守田座『出来穐月花雪賑《いでそよあきづきはなのまぜばり》』の幕切れはこうだ。相手役の中村仲蔵が「大坂表へ一ツの難題」と言いかけると、団十郎の北条時政がそれをさえぎり、二人は開いた扇の陰で何やら囁き合う。二人がウムとうなずき合うと、時計のゼンマイの音を模した「ガリガリガリ、チーン……」という音だけが聞こえて、そのまま無言のうちにサーッと幕が引かれてしまう。

> 扇のかげにて囁き両人無言でうなづくを下座の時計の音にて幕を引きたり、是れ優が木無しの幕を引きたる始めなり
>
> （田村成義『続々歌舞伎年代記』大正十一年）

さまざまなタイプの演劇や映像を見慣れた現代のわれわれにとっては、とくに違和感のない演出のように思える。しかしそもそも芝居の終わりには必ず「チョン」が入るものと、みんなが頭から思い込んでいる時代のことだ。この柝なしの幕切れが観客たちを唖然とさせたことは想像にかたくない。

明治七年（一八七四）七月、三十七歳で九代目団十郎を襲名。その襲名披露興行で上演された『新舞台巌楠《しんぶたいいわおのくすのき》』の幕切れも一風変わった演出だった。桜の木に「天勾践《こうせん》を空しうすること莫《なか》れ、時に范蠡《はんれい》の無きにしも非ず」という漢詩を記し、護送中の後醍醐天皇を勇気づけたという『太平記』の児島高徳の話である。現代では落語の「道灌」くらいでしか耳にすることはないが、かつては誰にもよく知られたエピソードだった。

無造作に出て来て桜の木へ詩を書く所へガタリ〳〵と足駄の音がして、訥升（※四代目助高屋高助）の千種卿が傘を持ちながら行うとする。団十郎は振向もせず悠然と引込む。跡に傘を横に倒して頷くのが幕切れであつたが、見物には詰らないよりは寧ろ分らない

（同右）

観客を呆然とさせてしまうこの「柝なしの幕切れ」は、十年後の十七年四月新富座『二代源氏誉身換《にだいげんじほまれのみがわり》』でも用いられたが、この頃には観客の方も団十郎の奇抜な演出にいくらか慣れてしまったらしい。

仲光よろしく舞ふ事あり、中途にて木を入れず舞ながら幕を引かせる。見物は煙にまかれて手を打ち悦ぶとは、扨々《さてさて》人を馬鹿にした幕切りなれど、是を不思議〳〵と皆がほめる迄に売込んだ団洲先生も不思議な俳優なる哉

(同右)

団洲先生とは団十郎のこと。評者には半ば呆れられているが、中にはその新奇さをほめる者も現れた。ただ新しいというだけで無条件に拍手を送る観客もいただろうが、どうもそれだけのことだったとは思えない。後にライバルの菊五郎が「堀越(※団十郎)の活歴(↓29頁)は実に旨いものだ、トテモ己《おれ》には出来ねえ」(『歌舞伎』第十四号、明治三十四年七月)と絶賛するだけの、演劇としての「不思議」な魅力がどこかに感じられたのではないだろうか。団十郎の新演出を現在から考えるとき、必ずしもすべての観客にそっぽを向かれたわけではなく、一般の観客の中にもそれを支持する人が一定数いた、というのはおさえておかねばならない重要な点だと思われる。

○「談話《はなし》のやう」なせりふ事件

明治九年(一八七六)五月、中村座で上演の『牡丹平家譚《なとりぐさへいけものがたり》』(重盛諫言)。団十郎の新しい

試みはせりふにも及ぶ。

先づ台詞で無く談話のやうに云はうと思つたのが私の初一念であつたから、種々《いろいろ》に研究して漸《やつ》と旧習を革《あらた》めたが、是とても衆《みんな》が苦しがツて居た。（略）台詞が五七五七の昔の口調で規則通り出来て無いからです、併《しか》し私は一向平気だ（『桜痴居士と市川団十郎』）

「何しろ平家物語の名文を其のまゝ台詞に仕たのだから余程遣《や》り悪《にく》かつた」（同）と当人が言う程で、いま本文を活字で読んでも、これを耳で聞いて即座に理解し楽しめるとは到底思えない。結果は「台詞も非常に長く随分息のつけぬ役なりしが、看客の方にては一向に聞いて呉れざりき」（『団州百話』）ということになった。「台詞で無く談話のやうに云はう」というのはほとんど後の新劇のリアリズムを思わせる発想だが、実際には「平家物語の名文」を会話体として歌舞伎役者が喋るといういささか奇妙な試みとなった。

○「芋虫ごろごろ」事件

明治十一年（一八七八）六月、守田座の後身である新富座が、移転、焼失などを経て近代的な大劇場として再建された。この劇場は団十郎の様々な新しい試みの主要な舞台となったが、とくに開場に際して上演された『松栄《まつのさかえ》千代田《ちよだの》神徳《しんとく》』は「芋虫ごろごろ」と評された演目として知られている。

> すべて従前の芝居において見ること能はざる新式なれば、煙にまかれて感嘆する者もありしが、大部分は急進の改革を絶対否認し、此場の近習が膝行して御前へ進むを見て『芋虫ごろ〱』などゝ冷罵を加へしも、其一ツにてありき　（『続々歌舞伎年代記』）

団十郎による「急進の改革」が「絶対否認」されている。その象徴が「芋虫ごろごろ」で、武家の作法にのっとって役者たちが「膝行」、つまり一旦立ち上がって歩くのではなく座ったまま膝をずって移動するのを見た観客からの悪口である。

○「火事見舞いに水見舞い」事件

明治十四年（一八八一）六月の『夜討《ようち》曽我《そが》狩場曙《かりばのあけぼの》』。曽我兄弟の敵討ちを描いた演目だが、肝心の討ち入りの場面でもめごとが起こった。

この曽我兄弟も歌舞伎の世界では古くから愛されてきた登場人物で、扮装にもすでに決まったパターンが確立していた。その伝統的な扮装で登場したのが兄の曽我十郎を演じる中村宗十郎。素襖を着て、袴の股立ちをとり、素足の土踏まずを藁で結ぶという軽快な姿だった。

一方、弟の曽我五郎を演じる団十郎は、小手脛当、腹巻、革足袋に武者草鞋というものものしい格好で舞台に現れた。象徴的な扮装の宗十郎に対して、こちらはいわば鎌倉武士の実戦用装備を忠実に再現したものだ。

団十郎の曽我五郎
（伊原敏郎『市川団十郎』明35）

> われらは絵巻物を初め古書に拠り学者の説を聞きて小手脛当にて腹巻きを為したるに、宗十郎は素足素手にて出たる故、口善悪《くちさが》なき京童は、火見舞と水見舞とが一緒に出たと嘲りしとかや
>
> （『団州百話』）

ごてごてと野戦用の武具を身につけた弟に対し、素足をむき出しに駆け出した兄。観客は「弟は火事見舞い、兄は水見舞い」とそのちぐはぐさを笑った。宗十郎は初日の舞台をすますと、病気と称して以降の出演を断ってしまった。

　こうして団十郎によって次々に繰り出された新式の芝居は、いくばくかの皮肉を込めて「活歴」と呼ばれるようになった。「活歴」の名称は「活歴史」、つまり「活きた歴史」という語がもとになっている。明治十一年（一八七八）十月の『二張弓《にちょうのゆみ》千種重藤《ちぐさのしげどう》』を評して戯作者の仮名垣魯文が使い始めた語というのが通説だったが、すでに明治五年四月十三日付『東京日日新聞』の記事に「弦歌声曲の類も倶に淫事たるを改め人名事実を正くして活歴史とし」とあるなど、「活歴史」という言葉自体はもっと早くから用いられていた。[7]

　歌舞伎の一ジャンルを指して「活歴」という場合には、旧来の虚構に満ちた演出や演技を排して、史実に即した扮装や舞台装置、また写実的な演技を志向して上演される作品群を指す。「史実のとおりに」を実現するために、団十郎は、依田学海、小中村清矩、関根只誠らの学者や日本画家をブレーンとして、劇作・考証・演出の指導を仰いだ。

甲冑の着方《つけかた》、装束の故実、其着やうから、袍《ほう》、直衣、狩衣、水干の区別、又は鎧、腹巻、胸当、矢搦みの法などを覚えて置かねば成ぬと、憖《か》う思ひました　俳優《やくしゃ》が武士に成て舞台へ出るのに、鎧の着やう、弓矢の骨法を心得て居無いやうでは、迚《とて》も武士の精神は写され無いと考へた

（『桜痴居士と市川団十郎』）

しかし彼の情熱が同時代の現実に比していささか暴走気味と言わざるを得なかったことは、これまで紹介した様々な事件を見ても明らかだろう。

急に弓矢、鉄砲、槍、長刀、馬具、甲冑等を、銭もないのに無暗と買込んで、床の間と云はず座敷へ並べ、（略）自分は古武士を気取つて力んで居つたので、その頃人が見て、団十郎は少し気が変だと云つた位でした。(8)

弟子の市川新十郎も「師匠の舞台が一番変つたは、赤松満祐（明治十二年）から渡辺崋山（明治十九年）、あの間にずつと変りました。つまり、活歴熱がひどうございました」（伊原敏郎『市川団十郎の代々』大正六年）と、「活歴熱」という言葉で師匠の一時期を証言している。活歴

に熱中するあまり観客が離れていくのを心配する周囲の人々に、団十郎は「ナニ見物が二人になれば止めますが、三人までなら飢ゑて死んでもやり通します」(9)と啖呵をきった。

四　明治という時代との共鳴

団十郎が不評をものともせず、何かにとりつかれたように戦っていた相手は誰だったか。一言でいえば、歌舞伎の「嘘」だった。近世を通じて見事に組み上げられた、しかし芝居の世界でしか通用することのない「嘘」を踏み越えて、誰もが確かに信じることのできる歴史的事実をよりどころにして「正しい」歌舞伎を作ろうとした。

ただしそれは団十郎が独自に思いついたことではない。すでに明治五年三月には、守田勘弥、河竹黙阿弥ら歌舞伎界の主だった人物が東京府庁へ呼び出され、彼らへの「御諭《さとし》」という形で、演劇的虚構に対する新政府の見解が示されていた。

抑《そもそも》演劇《しばい》ノ儀ハ勧懲（※勧善懲悪）ヲ旨トナスヘキハ勿論ナカラ、爾後全ク狂言綺語ト云ル言ヲ廃スヘシ。譬《たとえ》ハ羽柴秀吉ヲ真柴久吉トス。童蒙若《も》シ久吉ヲ以テ豊公ノ名ト覚へ、春永ヲ以テ織田氏ノ名ト合点セバ、竟《つい》ニ事ヲ過ツニ至ラン。其余都《すべ》テ事実ニ反ス可ラス。
（『新聞雑誌』第四十号、明治五年四月）

「都テ事実ニ反ス可ラス」というフレーズは衝撃的である。そもそも近世の演劇では、同時代の実在の人名を用いたり、実際に起きた事件を脚色上演したりすることが固く禁じられていた。だからこそ「加藤清正」は「佐藤正清」でなくてはならず、元禄期の事件を題材とした『仮名手本忠臣蔵』は、遠い過去の室町時代の物語として語られざるを得なかった。結果としてその多層的な時間・空間から生まれる複雑な虚構性が物語をより魅力的なものにしているのだが、それはあくまでも現代から見た評価である。普遍的で正しい「事実」に最も価値をおく近代的発想からすれば、およそ現実離れした旧来の歌舞伎は「狂言綺語」の一語に尽きると言わざるを得ない。「芝居から嘘を排除する」というこの発想に、実演者の立場から最も敏感に反応し同期したのが団十郎だった。

演劇《しばゐ》を改良して見やうと思立たのは私が十三のころでしたが、其念の起つたのは土佐風の画を習ツたので、絵巻物を見たり、また自分でも画《かい》て見たりした所から、切望《どうぞ》かう云ふ形に衣装でも何でも拵へて演《やっ》て見たい、当時《いま》の演劇で仕て居るのは皆嘘だと、恁《こ》う考へは起したものゝ、此時代では迚《とて》も行はれ無い、私の親父が真物《ほんもの》の鎧を着て舞台へ出てさへ、幕府の御咎《おとがめ》を蒙ツて江戸構へ（※追放）と成たくらひだから、実地に行《や》れやう筈がありません

（『桜痴居士と市川団十郎』）

この話を信じるならば、団十郎はすでに少年時代から歌舞伎の「嘘」を「真物」に置き換えようと志していたことになる。つまりは本物を舞台に写しとる「写実」の精神である。もちろん団十郎の個人的な思いが活歴を生み出したのは間違いないが、それが現実に世に出るための要因として、時代の大きな流れがあったことを無視することはできない。歴史は常に振り子のように極と極との間を行き来している。江戸時代を通じて長い間熟成・発酵を続けてきた歌舞伎の「嘘」がついに行き詰まり、もはや新しいものを生み出せなくなった末の強い反動が団十郎の活歴であった、と考えることはできないだろうか。そして地味で硬質な芸風ゆえに時代になじめなかった団十郎は、この絶好の時代の流れに応じて「写実」という棹をさした。いわば時代の方がぐるりとひと回りしたために、彼の不器用さが「新しさ」の衣をまとって舞台の正面に押し出されてきたようなものだ。

五　伝統への回帰

時代が振り子のように動くものだとすれば、片方の極に達した振り子は、いずれ反対側に勢いをつけて動き出す。明治二十年代後半になると、団十郎はあれほど執着した活歴を離れ、伝統的で古格にのっとった演技・演出を見せるようになる。以後の団十郎は、時代物・世話物・舞踊のすべてにわたって、今日の歌舞伎の規範とされるような卓抜した演技・演出を残した。

例えば三十三年十月の『信長記《しんちょうき》愛宕連歌《あたごれんが》』。共演の菊五郎が「団十郎はきっと活歴でくるだろう」と思い込み、素顔に近い化粧と地味な衣裳で舞台に出たら、団十郎は眼にも鮮やかな紫の裃に金の桔梗紋、顔も真っ白に塗って古風な大芝居を見せたので、驚いて二日目からは従来どおりの扮装に変えたというエピソードがある（『続々歌舞伎年代記』）。

一体旧来の芝居は不自然なるが如き間に一種の趣味のあるものゆゑ、徒に理屈のみにて矯正する時は却て全体の趣向を全滅する恐れあれば

（『団州百話』）

かつて「旧来の芝居」を「理屈のみにて矯正」しようとした急先鋒であったはずの団十郎が、その「不自然」の中に「一種の趣味」を見出すに至っている。

彼が江戸の歌舞伎に回帰していったのは、芸の直接の後継者をもたなかったことも理由の一つだろう。団十郎には娘が二人いたが、ついに男の子には恵まれなかった。また三十年七月には、十代目団十郎を継ぐと目されていた高弟の市川新蔵が病気のため死去した。団十郎は「演劇の前途を思ふと実に覚束ないものだ、迚《とて》もモウ私の改良意見は行はれ無い」「新蔵が生て居たら私の改良主義が私の死後までも行はれるかも知れ無かつた」（『桜痴居士と市川団十郎』）と絶望を吐露している。

あるいは団十郎の女方。団十郎の本領は立役で、女方の写真を見ると顔のいかつさばかりが目立つが、実際に舞台で見ると本当の女性かと思うほどの素晴らしい女方だったという。

幾人かの女形の後姿を見るに、全く婦人《をんな》の如く見ゆるはいと罕《まれ》なり、団州が重の井、政岡など見るにさながらに婦人なり（略）故梅幸（五代目菊五郎）かつて語りて云ふ今日真正《ほんとう》の女形を演じ得る人は団州《ほりこし》一人のみなりと

（『団州百話』）

本物を写すという理屈なら、男が女を演じる女形ほどそれに矛盾するものはない。現に女形は不自然で風紀を乱す悪習であるとして演劇改良論者に槍玉にあげられている。

しかし演劇における「リアリティ」は、写実主義の中にだけあるのではない。例えば「助六」や「暫」といった現実離れした芝居にも、観客がはっとするようなリアリティが必ず含まれていて、それが写実主義とは全く異なるやり方で表現されている。近代的写実主義を知識としても経験としても身につけたわれわれはそのことをよく知っているが、幕末・明治の人々は知らなかった。にわかに出現し

『本朝廿四孝』の八重垣姫

『暫』

た写実主義の波頭を走った団十郎は、やがてそのことに気が付いた。

芸道には写実といふ事も必要であらうと思ひます、尤《もつと》も写実と申しましても当時流行いたしまする新演劇即ち壮士芝居のやうに擲《なぐ》りつ競《くら》をするやうな事は好みません、極端の斬ですけれども、彼の芸風が嵩じて行つた日には舞台の上で真物《ほんもの》の血を見せねば成らぬ事になります、詰まり美術ですから、酒を飲まないでも酔つたやうに見せ、ピン〳〵して居ても病人のやうに御見物がたが得心して下されば可《い》いので

（『市川団十郎』）

われわれは何を見た時に「リアルだ」と感じ入るのだろうか。厳密に言えば、われわれが「リアルだ」と感じるのは偽物を見た時だけである。偽物を媒介とすることで「本物らしさ」は感知される。偽物は本物になることは永遠にできないが、本物になりすますことはできる。そして生身の人間にとっては、「まるで本物のように見える」ことの方が「本物である」ことよりも「リアル」な場合がある。

つまるところ演劇は嘘であり、しかしあたかも真実のように見えてしまう嘘にこそ限りない価値があるのだ、ということに、団十郎は活歴を通過してみて初めて気付いたに違いない。極

端な写実主義と、極端に非合理的な江戸の歌舞伎とを、一生をかけて一つの身体で表現してしまったのが団十郎という役者だった。

こうした団十郎の古典回帰と矛盾を、役者らしい無邪気として一笑に付すことはたやすい。しかし活歴という熱病のような一時期を通過することは、かつて「大根」と呼ばれた団十郎が、自分の個性と演技の進むべき方向を見定めるために、ぜひとも必要なプロセスだった。後にこれほどの実力を発揮する役者が活歴に熱中したことは、果たして一時的な気の迷いに過ぎなかっただろうか。明治という新しい時代にちょうど盛りを迎えた表現者の身体が、価値観の大きな変動に敏感に反応し、「演技」や「演劇」とはどういうことかを根本から考え直さざるを得ないところに追い込まれた。その経験を経たからこそ、団十郎は江戸の歌舞伎に秘められた「真実」を、自分の身体を通して再発見することができたのだろう。

高村光太郎に「九代目団十郎の首」（昭和十三年五月）という一風変わった文章がある。団十郎にほれ込み、その死後に彼の首の彫像を制作しようとした光太郎が、団十郎の顔を芸術家の目で偏執的なほどに観察し描写した文章である。

団十郎は決して力まない。力まないで大きい。大根といわれた若年に近い頃の写真を見ると間抜けなくらいおっとりしている。その間ぬけさがたちまち溌剌と生きて来て晩年の偉大を成している。一切の秀れた技巧を包蔵している大味である。神経の極度にゆき届いた無神経である。

「間抜け」で「無神経」な団十郎は、いかにも不器用な足取りで大真面目に真実を追い求めた。他の役者よりもずっと大回りして行き着いた先は江戸の歌舞伎だったが、そこになんの矛盾もない。そのときはじめて団十郎は劇聖と呼ばれるにふさわしい表現に到達することができた。歌舞伎の価値観の中に「写実」を持ち込もうと苦闘した、その懐の大きな「無神経」に、いま歌舞伎を堪能しているわれわれは敬意を払うべきではないだろうか。

注

（1）長谷川勘兵衛「芝居話思出の記」（『演芸画報』昭和三年八月号）
（2）石背老人「団十郎史料　其二」（『歌舞伎』第四十一号、明治三十六年十月）
（3）「明治劇壇之二名優」（『新小説』第十七巻九号、大正元年九月）
（4）西田菫坡「団十郎と左団次」（『唾玉集』春陽堂、明治三十九年）

（5）『役者辟言草《たとえぐさ》』万延二年（一八六一）正月

（6）注（2）に同じ。なお「現時の劇壇」（『唾玉集』）には「私なんぞが見た処では大根では決して無かッたのです、ズッと若い時から伎倆《うで》があッて、其れは始めは派手な役を勤めて居ましたが、最早《もう》廿台の頃から渋い家老役なんかで当てましたな、つまり早くヂミな芸をするやうに成ッたんです」とあり、後に明治十五年初演『釣狐』で狂言の芸風を応用したのが芸の大きな転機になったとしている。

（7）小櫃万津男『日本新劇理念史　明治前期篇』（白水社、昭和六十三年）

（8）注（2）に同じ

（9）川辺御楯「団十郎史料　其八」（『歌舞伎』第四十一号、明治三十六年十月）

《美術》

第二章　三井（三越）呉服店と美術

――高橋義雄と日比翁助の百貨店美術館構想――

田中裕二

一　はじめに

高度経済成長を経てバブル景気に湧いた日本。経済的な成長が幸福につながると信じ、ひたすら突き進んできた日本人であるが、ふと物資的な豊かさよりも心の豊かさの方が重要なのではないかと思い始め、平成元年（一九八九）前後、全国で美術館・博物館の建設が一気に加速した。今でこそ知識や教養を高めるため、または審美眼を養うため、美術を鑑賞する環境が日本各地で整ってきたが、実は日本で公立の美術館・博物館が整備されたという歴史はさほど古くない。実業家の佐藤慶太郎が百万円を東京府に寄附したことがきっかけで、東京府美術館が大正十五年（一九二六）五月に開館したが、常設展を持たないアート・センターとしての機能を持った美術館で、やはり本格的に美術館・博物館が質・量ともに整備されるのは戦後を待たねばならない。

博物館といえば、日本ではやはり明治五年（一八七二）に起源をもつ、東京国立博物館である。明治国家の威信をかけて設立した王道をいく博物館であることに私も異論はない。しかし、国立や都道府県立の博物館や美術館の正史では決して語られることのない、美術館の機能のひとつである美術の公開と普及を目指した民間の企業が明治時代にあった。それは、展覧会の開催に留まらず、美術品を鑑賞し、好みの作品を購入して自分のものにできるような環境を整え美術を身近にしたと言い換えても良いのだが、それは江戸時代の三井越後屋に起源を持つ三越呉服店である。さらに、三越は後に文展（文部省美術展覧会）の会場として利用されるなど、ハードとしての公立の博物館が整備されてこなかったため、三越を会場に展覧会が行われてきたという歴史がある。それはまさに、「官」の機能を「民」が代行してきたといってよい。いや、先進的に美術の普及を三越が担ってきたと言っても過言ではない。

この日本独自の発展を遂げたデパートでの展覧会方式について、明治以降の日本では、公共の建築物である美術館・博物館の整備が遅れたため、新聞社が主導し特別展を企画する方式が主流となり、その特別展の会場として百貨店が美術展示場を持ち、公共の美術館機能を代行してきたと岩渕潤子は指摘する。(1)

そして、上記のような歴史的背景を肯定的に捉え、ミュージアムという定義にあてはまらないが、百貨店を舞台に多くの美術展が開催されてきた日本独自の形態は「クンストハレ」（kunsthalle、企画展専用施設）と考えられ、「日本美術史のなかでも重要な出来事の多くが、百貨店の美術展を舞台として展開されてきたことは大いに強調されていい」と、美術史的にも決して看過することのできない重要な機能を有してきたことに触れ、条件付きであるが評価する動きもある。(2)

その三越を山口昌男は「文化装置としての百貨店」であり「高橋義雄、日比翁助の三越は芸術学術文化情報の集積センター機能を果たすべく、かなりの人物を集めた」ことを評価し、知のネットワークの形成に注目。さらに、明治三十八年（一九〇五）に組織した流行会には、新渡戸稲造、福地桜痴、佐佐木信綱、巌谷小波、篠田鉱造ら学者・文人を集めた会合を月一回開催し、流行・社会風俗の傾向を研究し、三越へ助言がなされたことに触れ、「西武百貨店の堤清二会長が組織しているような芸術家学者集団との対話が、明治の三越で試みられていたと言っ

てもよかろう」と三越と西武の共通性にも言及している。(3)

三越が最初の文化催事と呼ばれる「光琳遺品展覧会」を開催したのが明治三十七年（一九〇四）十月一日で、日本画、洋画、彫刻の陳列販売をするため大阪に新美術部が開設されたのが三年後の明治四十年（一九〇七）、そして東京本店に新美術部を設置し常設の展覧会を開始したのが同年十二月一日。翌年の明治四十一年（一九〇八）には大阪で初の「半折画展覧会」を開催している。

東京本店では、明治四十三年（一九一〇）四月一日、三越呉服店三階で東西三十三人の作家による作品を展示販売する第一回半折画会が新美術部の主催で開幕した。店内に書院風違棚や、勾欄つきの床の間を作り八十幅展示されたが、初日に五十余幅が売れてしまったという。価格は一幅十二円から四十五円まで、展示された掛軸は地方からの注文も多く、飛ぶように売れたという。(4) 同年（一九一〇）四月四日には、「美術界の明星」と評した出品作家を一同に集めて、美術評論家と共に三越に招き、「意想外の成功」を祝し宴が催された。出席した作家は、岡倉天心の渡米により事実上の解散状態となっていたが、尾形月耕、川合玉堂、梶田半古、横山大観、小堀鞆音、寺崎広業ら日本美術院のメンバー他十六名の錚々たる顔ぶれであった。(5)

さらに画幅に限らず、明治四十三年（一九一〇）十月一日から三越の三階楼上において、「日本美術工藝品の発達を促し世の美術を嗜好せらるる諸君子の渇望を医する」ことを目的として、第一回諸大家新作美術工藝品展覧会が開催された。出品の内訳とジャンルは、染織、刺繍、彫刻、陶磁器、七宝、蒔絵、彫金、鋳金、鍛金、槌金など、彫刻家では石川光明、高村光雲、竹内久一、彫金家の海野勝珉、豊川光長、香川勝広、陶芸家の加藤友太郎ら東京美術学校教師や帝室技芸員に選ばれるなど実力者揃いの作家が出品した展覧会であった。(6)

本稿では三越において美術を鑑賞する環境を整え、美術工芸の振興や発展を目指し文化催事を導入することを決断した二人の経営者、高橋義雄と日比翁助に焦点を当て、両名の事績について紹介していきたい。

二　美術鑑賞文化を導入した経営者

高橋義雄（箒庵）の欧米留学と日本美術の発見

今では茶人箒庵としての名で有名な高橋義雄であるが、紆余曲折を経て三井呉服店の経営に参画することになった。水戸で生まれた高橋は、福澤諭吉の新聞記者を養成する意図に応じて上京。慶應義塾に入学し、慶應の三田演説館では黒岩涙香と演説の研鑽につとめたという。その後、福澤の信頼を得て、明治十五年（一八八二）時事新報に入社し、六年間の記者生活で社説などを担当した。その傍ら、進化論を軸に衣食住の改良や混血の要を説いた『日本人種改良論』（明治十七年）や実業の奨励を企図した『拝金宗』（明治二十年）等を出版している。

時事新報社で頭角を現していた高橋義雄に、前橋の生糸商下村善右衛門が米国での実地調査に行く人材を探しているという情報が入る。洋行経験が立身出世するための強力な経歴となる明治の時代である。高橋は明治二十年（一八八七）九月末に時事新報社を退社し、心機一転、汽船ゲーリック号で渡米することになったのである。(7)

高橋義雄
（©株式会社三越伊勢丹ホールディングス）

米国では同じ慶應義塾出身でニューヨークの森村組に勤めていた村井保固の助言で、ポキプシーにあるイーストマン商業学校に入学し、翌年の明治二十一年（一八八八）三月に卒業している。だが、同年四月初旬、留学を支援していた生糸商の下村善右衛門が事業に失敗し、スポンサーを失い留学の継続が困難になってしまった。留学の継続を望む高橋義雄は、英国や欧州大陸へ渡るための費用を算段せねばならず、自身の出身地である水戸の旧藩主徳川篤敬を頼り、留学の継続と費用の借用を訴えた。明治時代においても旧藩意識の紐帯が強固な時代であったと感じさせる挿話だが、旧藩主からは快諾を得て、留学を継続することができ、安堵したことであろう。渡英前に米国の主要都市を遊学する機会を得て、この周遊で見聞を広めるために訪れたのが、フィラデルフィアで当時、米国で随一と言われたワナメーカー（Wanamaker）百貨店であった。

ワナメーカー百貨店を訪れた高橋義雄は、「百貨店は當時米國でも未だ珍しい小賣方法で、是れは後来必ず日本にも傳来すべき者だらう」と確信を得たという。ただ、何時か日本にもアメリカ式の新しい小売方法である「百貨店」が日本にも導入されるだろうと思っていたが、まさか高橋自身が三越の経営改革を任されることになろうとは、まだ想像もしていなかった。「三井呉服店を改革して百貨店の端緒を開いたのも、皆な此のワナメーカー視察の結果が、偶然にも事實に現われた」と述べているように、留学資金のスポンサーの交替により、留学の継続が決まり、偶然にも見聞を広めるために訪れたワナメーカーでの経験が、日本に帰国後、期せずして呉服店改革を任されることになったときに活きることになったのである。(8)

米国を後にして、次なる留学の地は英国であった。明治二十一年（一八八八）五月二十八日、アンブリア号で英国リバプール港に上陸。川上謹一からロンドンのような大都会で漫然と実業界の視察をするよりも、小規模なリバプールで商業の実地研究をする方が良いとの助言を得て、リバプール市商業会議所副会頭で、日本名誉領事であったジェームズ・ロード・ボウズを紹介された。結論から言うと、この英国滞在中に知遇を得たボウズとの出会いによって、高橋義雄は日本美術に開眼し「美術鑑賞家」になったのであった。「ボース氏は非常な日本好きで、日本人と云へば、歓んで之を優遇する人」であり、「廣大なる邸宅を構へ、後庭に私立日本美術館を設け、日本の七寶陶器等に關する大部著述」もあるほど親日家であった。[9]遠く異国の地英国リバプールでボウズ氏と出会い、さらに彼の私立美術館で日本美術が英国人に鑑賞される対象となっているということを認識したことは、その後の人生を大きく変えることになったと言ってよい。高橋の次の言葉からもそれがうかがえる。

私は英国リバプール府に滞在中、名誉領事ボース氏の日本美術館で、偶然にも日本美術を研究する機会を得て、是れより大いに美術愛好家と為り、倫敦を始め大都市に入れば、必ず其美術館を訪問して、油絵だの彫刻だのを見るのが無上の楽しみとなつた[10]

さらにフランスでの美術館や観劇経験が美術鑑賞熱に拍車をかけることになった。明治二十二年（一八八九）五月末、英国から短期滞在でフランスを訪れた高橋は、当時世界的に注目を集め盛況であったパリ大博覧会を視察している。博覧会の他、パリ市内の名所旧跡巡りに三週間ほど費やし、ノートルダム寺院、パンセオンのナポレオンの墓、グランドオペラ、ルクセンブルク美術館、ルーブル美術館、ベルサイユ宮殿など名勝を訪れ、「私は例の観劇と美術館巡りが、巴里滞在中の半分以上の仕事で、リバプールに於て、萌芽を発した私の美術鑑賞熱は、此時既に早や膏肓に入り掛って居った」と、美術館を訪れ美術を鑑賞するという行為が高橋にとって最早、習慣となり自身が語るほど「病みつき」となっていたのである。[11]

高橋義雄の略歴を見てみると、いくつもの偶然がその後の人生を大きく左右していることがわかる。新聞記者として養成に応えるため、水戸から上京し慶應義塾に入り、卒業後は時事新報社で福澤諭吉にも認められて頭角を現すが、欧米留学の機会を得ると時事新報社はさっと退社し、福澤に「是れは商売がすきと申せば致し方なし」と嘆息させるほどであった。[12] 留学の支援者を一度は失い、留学も中止せざるを得ず、志半ばで帰国するかも知れなかったが、旧藩主に助けられ、留学の継続が可能となり、米国で見聞を広めるために訪れたフィラデルフィアのワナメーカー百貨店は、大いに三越の経営改革の参考になったのである。英国ではボウズと出会い、彼の私立美術館で日本美術を英国人が鑑賞していることを認識し、イギリスやフランスでは美術が一般に公開されており、その美術館で鑑賞する行為を身に着けえたことが、後々呉服店改革を行う際に、大きな糧となったといえよう。

ボウズが日本贔屓になった挿話がある。パリ万国博覧会において日本が初めて古器物を出品した其中に、三代将軍家光が所持したと伝えられる幸阿彌作の蒔絵書棚を買い取ったところ、その意匠があまりにも優美であったため、このような名器を製作する日本は、非常に高尚な文化をもっているはずであると感心したという。明治中期の日本は「極東の小島で、支那の属國やら、如何なる野蠻人の棲んで居る國やら、英國人などは、殆んど歯牙にも掛けなかつた其日本に對して、非常に敬愛の念を生じ」させ、日本の美術工芸品は、「精神の籠つて居る美術品が、如何に未知の外國人を感動せしめたか」という体験から、日本の美術工芸品の持つ価値に高橋義雄は気付き、この留学で日本美術を「発見」したのであった。(13)

三　日本工芸美術の振興と殖産興業

イギリスでは英国人ボウズを虜にした日本美術と、それを鑑賞することに開眼したばかりではなく、ケンジントンで開かれていたイタリア博覧会を見学する機会を得て、そこから百貨店の店内における祝祭空間の演出と、百貨店の博覧会化につながる着想を得たと思われる。演出方法に加え、美術品を鑑賞しそれを購入する富裕層がいることに着目している点も高橋義雄にとっては重要な発見であった。英国ケンジントンで開かれた「伊太利博覧會」を見学したことが、日本における博覧会を開催する際の着想を得ると共に、後の三越での美術展へのヒントを得たのではないかと私は見ている。

「有名なる美術國の博覧會」であるため大理石の彫像、銅像、油絵等の名品が多く展示されているのは当然だが、それ以外に腕輪、指輪、貝細工、陶器、編物等の金額が高い品物を「男女の売子ありて如才なく之を賣捌く様子」や、オペラの舞台があり「伊太利風の能狂言を演ずる」模様に注目し、「伊太利風の連山」を描いた高塀を廻らせた庭園にいると「何となく同國に赴きたるの想あらしめ」るという、情景再現の演出方法に関心を示している。(14)

さらに、この博覧会中に美術品を購入する富裕層がおり、「欧州美術の發達は美術者の力のみに非ずして其美術を賞翫する人々が與りて大に力あり」と、日本の「美術奨勵者の注意す可き」点であることを指摘している。高橋は欧州美術の発展には、芸術家の支援が欠かせないという事例を次のように述べている。

名品を購入する金満家の多きことなり歐米諸國は好事家は非常の大金を美術品に投ずる事にして米國にてはフヒヲデルフヒヤの豪商ワナメイカー氏が二十五萬弗の名畫を買ひたりと云ひバルチモアの或る金満家は十七満弗の支那花瓶を競り落としたりと云ひ又近日英國國會にて云々ありし彼のブリチッシュミュージアムにて買ひ入れたる某王の肖像は八萬何千磅即ち日本の金にして五十萬圓以上の高値なりしと云ふ

ここで再度、真っ先に登場するのがフィラデルフィアの「豪商」ワナメーカーである。二十五万ドルで購入したと高橋義雄が言及しているのは、おそらくムンカーチ画《ピラトの前のキリスト》と《カルバリの丘のキリスト》の二作のことであろう。(15) 何れも欧米の資産家は美術品に大金を投じて購入する社会構造ができあがっており、美術の発達には美術作品をつくる作家だけではなく、その美術作品を鑑賞する層がいることも重要であることを日本で美術の発展に尽力する者に高橋義雄は注意を促しているのである。彼の発言から美術市場におけるパトロン層の重さと育成にも注意を払っていたといえよう。

日本に帰国した高橋義雄は、明治二十三年（一八九〇）に出版した『商政一新』の中で、美術を奨励するに際し、最も重要なことは「完全なる美術博物館」を設立し、美術家だけではなく「世上一般に向け古今工藝對照の便利」や「美術の變遷傳來する所を知らしめ」る事につきると述べている。また、海外諸国の美術博物館では「一般公衆の縦覧を許し」ていることにも着目し、一般市民に工芸を奨励しなければならない時代にあるという。古今の名工の貴重な意匠を公開しないことは「國家美術の盛衰に関して實に痛惜に堪えざること」であり、美術工芸の振興にはその手本となるべき文化財を「美術博物館」で一般に公開すべきであると指摘している(16)。

名物道具は何人の所有であるに係わらず、すべて「國家工藝美術」の見本であり、日本国民がこれを重んじなければ、この大切な見本を失うことになる。すなわち、国宝が消滅するだけではなく、日本の「工藝美術」が衰亡してしまうのは当然の結果であると高橋義雄は嘆く。国民の手本となるべき「工藝美術」は、国民がその重要性を理解しなければ、衰退していくことは必然であると深く憂慮していたのである。明治維新前には、将軍家もしくは三百の大名がこの名物道具を保護してくれたが、将軍や大名がなくなった明治の今日、誰がこれを保護するか。それは「言ふまでもなく國家か、若くは富豪名家の外」はあるまいと高橋はみていた。(17)

日清戦争で勝利した結果、世界が日本を大国の一員と認めるようになったと同時に、日本人もまた自ら大国の一員となった気持ちになり、従来非常に劣等視していた自国の事物を、にわかに有難く思うようになってきた。その中でも、明治維新後に瓦礫のように取扱われた道具や、二束三文で売買された書画に対して、一時にそれを鑑賞する熱が勃発した事は、「最も著明なる事実」であると高橋は分析する。

明治維新の社会変動は急激に「日本の人身を攪乱」し、一つには社会不安のため、二つめには旧事物破壊のため、平静に物事を処理する能力が失われた結果であろうと高橋は考えていた。その結果、「昨日まで御家の重宝たりし小倉の色紙も、千鳥の香炉も、猫に小判の如く、之を顧みる者」がなくなったのであった。

そのような時代に米国からフェノロサ等が来日し、日本の美術品が非常に優秀であると説き、当時二束三文で売買させられていた、数々の書画什器を買収して、これをボストンその他の美術館に回送し始めたので、日本人も初めて目が覚め、明治十一、二年頃、その道の先覚者といわれた、佐野常民、藍田眞、下條正雄諸氏が、龍池会と称する書画鑑賞会を設立し、「折々展覧会を催して、共鳴者を糾合した」。その努力の甲斐もあって、次第に世間では美術鑑賞熱が高まって来たのであった。[18]

日清戦争の勝利により、愛国心が高揚し自国の文物に対する見直しの機運が高まり、日本美術品が見直される契機となったと高橋義雄は感じていた。明治維新直後には廃仏毀釈や、旧体制や旧価値観への否定が烈しく、書画骨董や古器物が二束三文で売買されていたが、フェノロサが日本美術の価値を喧伝し、米国ボストン美術館へ輸出される現状を目の当たりにし、次第に日本人の間にもその価値に気付き始め、書画の鑑賞会や展覧会を開催し、美術鑑賞熱が高まっていたのである。

こういった状況の中、日本の都市における美術館の位置づけについて、高橋義雄は二点重要な指摘を行っている。先ず第一に「繁華なる都市の中央」で、「民衆の最も接近し易き場所」に建てられること、つまり都市の盛り場で、誰もがアクセスし易い場所に美術館はあるべきである。第二に、美術館や博物館は、「特殊研究者」のためだけに存在するのではなく、「成るべく多くの民衆に観覧」させて、「知らず識らず其感化に浴せしむる」のが、本来の使命である。第一のアクセスのし易さとも通じるのだが、一般市民に公開され「民衆」の美術鑑賞レベルの向上には、一部の研究者だけを対象とするのではなく、できるだけ多くの市民が、気軽に立ち寄れることが重要な要素のひとつで、第一の利便性・立地条件が美術館・博物館の設置には極めて重要であると、ロンドンのナショナル・ギャラリー、ケンジントン・ミュージアム、パリのルーブル美術館、ルクセンブルク美術館など高橋が訪れた美術館を例に出しながら力説している。

殊に東京に於て、最も甚だしいやうである。日本は世界の美術国と云はれて居ながら、其第一都市たる東京に於て、一つの国立美術館もなく、唯上野の山奥に、小規模なる帝室博物館があるばかりなのは、殆んと都市の体裁を成さぬではないか。今若し美術工芸館を民衆感化の為めに必要となりせば、成るべく之を便利の地に置き、偶然の雨宿りに美術館に飛び込んで、始めて其趣味を感覚し始めたと云ふような便利がありてこそ、其効果が始めて広く一般に行き渡るのであらう(19)

高橋義雄は英国から帰国後、井上馨や渋沢栄一の目に留まり益田孝と面会し、三井銀行に入行した。明治維新以来、経営不振に陥っていた三井の呉服部門は明治二十六年(一八九三)合名会社三井呉服店に改組されたが、さらなる経営改革を目的に高橋義雄は請われて、明治二十八年（一八九五）三井銀行から三井呉服店の理事に就任し、旧来の座売りから陳列販売方式に改めるなど、経営改革の全般を任され小売業形態の大転換を図っていったのである。

明治三十七年（一九〇四）十月一日の「光琳遺品展覧会」（最初の文化催事）が一か月に渡り開催され工芸美術の見本を展示し、一般に公開することを試み、尾形光琳の人物・花鳥・山水画を集めて展示されると、橋本雅邦、川端玉章、荒木寛畝などが来場し、展覧会の初日、八時には店内立錐の余地なく、三時半には閉店せざるを得なかったほどの大盛況だったという。[20] 明治三十九年（一九〇六）一月二十日に取締役を退任するまで、明治期三越の経営改革に腐心し、明治三十七年（一九〇四）十二月六日、日比翁助が専務取締役に就任すると、日比は新美術部を設立し、現代美術の展

明治二十年頃の店舗全景
（©株式会社三越伊勢丹ホールディングス）

示販売や児童博覧会を開催するなど、デパートの美術館化を本格的に実施していった。日比翁助は高橋義雄から経営を受け継ぎ、本格的に日本工芸美術の振興を促進していったのである。次節からはその日比翁助の事績についてみていきたい。

四　日比翁助と新美術部の設立

明治三十八年（一九〇五）一月、合名会社三井呉服店から株式会社三越呉服店に営業が譲渡され、ここに高らかに「デパートメントストア宣言」が表明された。その一文に「一　春秋二季新柄陳列會を開きて各地織業者の新作品を促し同時に又美術的展覧會を催して一般意匠の進歩を謀り他に比類なき出陳品を先づ御來客様方の御撰取に供する事」とある。(21) 美術的展覧会を開催し、意匠の進歩を図ることを宣言文に盛り込んだことは、日比翁助が経営の柱に展覧会と美術工芸の振興を加えたことに他ならない。

山口昌男は、日比翁助が「文化装置としての百貨店」を目指しており、「大正三年より後、つまり、日比が第一線から退いたのちの三越は、それまでのような、文化情報の先端的な発信基地の役割から降りはじめたようであり、すっかり安定した企業の形態に落ち着いたようである」と、日比の功績を高く評価している[22]。

なぜ日比翁助は企業経営の方針に、「美術的展覧會」を「デパートメントストア」で宣言したのであろうか。それは江戸から続く見世物興行的なイベントで百貨店への集客を狙い、企業利益を上げる目的であったのだろうか。何が彼を突き動かしたのか。そのヒントは日比翁助の経歴にある。

日比翁助は万延元年（一八六〇）に生まれ、郷里久留米の塾で漢籍と剣術に加え、武士の嗜みのひとつとして、画を学んでいた。漢学を教えた江碕済と絵画の師匠狩野左京之進[23]は、日比翁助が最も感化を受け「終生畏敬し仰慕していた」人物であった。日比は幼少のころから絵画に親しみ、絵の師である狩野左京之進から早くから画才を認められ「日比の非凡なる點に氣づ

日比翁助
（©株式会社三越伊勢丹ホールディングス）

いて他の弟子達に比し遙かに寵愛の度も甚だしかった」という。[24]

高橋義雄と同じく日比翁助も福澤諭吉に感化されて慶應義塾の門をたたいている。福澤諭吉の当時の教えは「國家は實業を基礎」とせねばならないということに傾注し、その思想の浸透に熱心であった。日比は明治十三年から十七年まで慶應で学んだ結果、すっかり実業家の精神が染み込み、官吏や学者、教員になろうという気はさらさらなくなったのは「全く先生の導きであった」と述懐している。[25]

明治十八年（一八八五）麻布天文台水路部に奉職し、その後明治二十二年十一月にはモスリン商会の支配人となる。明治二十九年（一八九六）には三井銀行に招聘され、明治三十一年三井銀行本店副支配人に抜擢され、同年三井呉服店副支配人となり、明治三十七年（一九〇七）十二月六日に三越呉服店の設立と時を同じくして専務取締役に就任することになる。

日比翁助は明治三十九年（一九〇六）四月四日、イギリスのハロッズ等百貨店視察に出発、翌年明治四十年（一九〇七）十一月四日に日本に帰国。明治四十年（一九〇七）九月十五日に三越呉服店大阪支店に、同年十二月一日に本店に新美術部を設立している。新美術部設立の目的について日比は、次の三点をあげている。第一に、日常的に美術展覧会を開催して公衆が接する機会を増やすこと。第二に、贋造品が多い現況を打破し安心して購入できる環境を整えること。第三に、美術の鑑賞家または、美術研究者にとって好資料を展示することにあった。[26]

美術品の販売を開始した日比翁助について、「今日は帝劇、明日は三越」のキャッチコピーで有名な濱田四郎の証言がある。「日比さんは美術通でしかも其愛好者であった為めもあらうが、商品充實の順序として日用雜貨等を先にし、貴金屬品は最後の事という陣立を破り、比較的早く貴金屬品とは親類筋の美術品を賣る事とした[27]」。濱田によれば、日比翁助が美術に精通し、しかもその愛好家であったことが、美術品を三越で販売した動機であったと推測している。

しかし、美術品販売の開始は唐突であった。欧州の百貨店視察から帰国して間もなく、明治四十年（一九〇七）の秋頃に久保田米齊に指示、濱田四郎も奔走し、一週間以内に現代美術品売り場について発表したいので、準備にかかってほしいというのであった。同年十二月一日には新美術部が

大阪支店の美術室
（ⓒ株式会社三越伊勢丹ホールディングス）

設立される運びとなったわけであるが、その間の困惑も含めた経緯について、当事者でもあった濱田に再度登場してもらい、証言してもらおう。

四十年の秋日比さんが久保田米齊君に、店でも今後現代畫売場を設けやうと思ふ、大至急一週間内に發表したいから、畫を直ぐ仕入れてほしいといふ。餘りに唐突なので久保田君も呆然たりだ。現今の如く市中に新畫が陳列せられあるとは事違い、新畫の仕入れは初めての事とて供給先の心當りもない、偶々先年店からシカゴ博覧会に出品せし刺繍屛風の下繪、川端玉章畫伯揮毫の尺八絹本百花爛漫の極彩色ものが四枚あつたので、之を中心にして集めにかかつた。私も其時席に列つて居つたが、日比さんが、心當りがないかとの仰せ、幸い日本美術院に關係せる高橋太華さん、岡倉覺三先生の懇友であるから何かは持つて居らるるかも知れぬと、高橋さんを訪ねて情を述べると、横山大觀、下村観山、西郷孤月、寺崎廣業他に一枚都合五枚、尺五絹本のメグリがあつたのを提供せられた。結局平均廿圓ならよからうというので、譲り受けて直に表装陳列する事が出来た(28)

新美術部を設立したものの、来店する客の買物振を見ると、日比翁助は、益々責任の重大さを痛感せざるを得なかったという。

最も痛切に感ずるのは貴金属部、美術部等に來られる客である。これ等の客は失禮ではあるが、質の眞贋、品位の上下等を精確に鑑識される人は極めて稀である。これは客として素人として當然の事である。然るに其の買振を見ると値段の高下と云ふことはもとより其の考に入るであろうが、併し何百圓と云ふ品を買ふに何等の疑惑、何等の躊躇もなく、十錢二十錢の買物をすると少しも異はぬ(29)

貴金属や美術品は高額な商品にも関わらず、来店する客の審美眼に疑問を呈している。真贋の見極めは素人だから無理だとしても、三越だから信用して購入してくれるのは嬉しいが、真贋や品位の上下は買う側にも一定の素養を身につけてほしいという思いもあったようである。美術品の真贋は店の信用にかかわることであるとの認識の下、販売をする美術工芸作品は真贋を証明できる現代作家の作品のみを扱うことにした。

金ある人は金を吝まぬであらう。然し鑑識なきものは必ず多少は眞贋を疑はぬものはあるまい。金を拂ることよりも品質の精確に重を措くであらう。然るに弊店に來られる人が少しも品質に疑を挿さまれぬ。三越の品と云へばそれで信用されるといふは實に私の感激に堪へぬことである。自ら廣告してさへも人の信用せむ今日、斯くまで信用されるを想ふては愈々責任の重大なるを感ぜざるを得ぬ。[30]

真贋の問題は三越の信用にかかわる重大なことなので、美術品は現存する作家しか販売しないというのが新美術部の鉄則となったのである。[31]

ここまで見てきたように、日比翁助の美術工芸品販売の目的は、先ず公衆への教育普及効果があげられ、次に贋造が出回ることが多い中、信頼と安全を担保に健全な美術市場構築を目指すことにあり、最後は高橋義雄の理想とする美術館とは異なるのだが、美術の鑑賞家や研究者が参考とすることができる展示をも目指したのであった。

明治四十一年本店仮店舗
(©株式会社三越伊勢丹ホールディングス)

五　日比翁助の美術観
パリ日本大使館の装飾と経営理念

日比翁助の特命を受けた林幸平が明治四十年（一九〇七）八月九日フランスに派遣された。日本で家具調度類を一通り仕上げて荷造りしたものを現地フランスに送り、林幸平の指揮の下、取り付けられた。パリの日本大使館を和洋折衷の意匠で凝らした内装にしたのであるが、ここで日比翁助の美術観が吐露されており、その経緯を先ず始めに紹介したい。大使館の内装は一切を三越が担当し、「殆ど営業と云ふ事を忘れて、日本美術の発揮の為めに、工夫と労力を傾注」して完成させたものであった。(32)

発端は日露戦争の勝利で、日本の在外公使館が大使館に昇格され、フランスの日本国公使館もまた大使館となり、その内部の装飾が必要となった。多くの大使館がそうであったように資金不足から「恥しからぬだけの設備をする餘裕」がなく、某大使館は五〜六千円の資金で油絵を購入し、壁に掛けただけでお茶を濁すこともあったという。その中で日本の大使館であるから日本風の装飾をした方がよいという方針を立て、日本美術の真価を発揮するには日本風の意匠とすべきと日比翁助は考えたのであった。明治維新以来発達してきた「日本美術」について、日本風と言っても畳を敷いて座るという訳ではなく、「三十年來發達した日本の美術に基き日本風の意匠で裝飾したなら却て日本美術の眞價を發揮するであらう。なまじい金もないのに歐洲風の裝飾をして笑はれるでもあるまい」という理由から、装飾は「日本風」ということに「一決」したのだった。(33)

日本風の意匠に決断したことに対して美術の大家から日比翁助は批判を受けたようであるが、風光明媚な日本で涵養された日本の美術は日本独自に発達を遂げたもので、決して外国に引けを取らないという確固たる自信を持っていた。(34)

そこには日露戦争で勝利したという自負も加味されていた。東郷平八郎が当時優勢であったと言われたロシアのバルチック艦隊を撃破したのも、日比翁助の自信の裏付けになっていたようである。要するに自信がなければ最初から勝ち目がなく、美術上においても日本国民が自信を持って世界の舞台に飛び出していかねばならず、日比は日本の美術は飛躍するだけの価値をもっていると自負していたため、国内の反対意見には断固として初心を貫くことにしたのである。(35)

パリの日本大使館は五つの部屋で構成されていた。武器之間（応接間）、紅葉之間（食堂）、櫻之間（婦人室）、菊之間（客室）、竹之間（談話室兼喫烟室）と、各部屋の用途に合った日本工芸美術の意匠が随所にちりばめられたつくりとしたのである。

武器之間の入口左右には鎧が乗った鎧櫃の形の棚が配され、観音開の扉を開けると金地の小襖には極彩色の日本画で源平時代の出陣と凱旋の様子が小堀鞆音によって描かれていた。

櫻之間は全体的に控えめな装飾ながら、櫻をあしらった絨毯や窓掛や椅子にも櫻の模様が付され、ここでのみどころは卵の殻を砕いて塗り込んだ漆器調にこしらえた卓子、椅子、棚などの家具類である。椅子の金具には金色の櫻模様であったり、棚の袋戸には友禅と刺繍を施したり、日本の名勝を木象嵌で表すなど細部へのこだわりは、日本工芸美術の技術をいかんなく発揮したものであった。

客室にあてた菊之間の天井は、格天井で金地の極彩色で六十余州の菊の花が描かれていた。菊の間だけあって電燈の飾り、椅子にも菊の模様があしらわれ、厨子棚式の扉の刺繍は、尾形光琳の図案を模した菊花と流水模様が施されていた。

書斎・談話室としての竹の間は、敷物も竹籠模様で戸にまで竹の彫刻。棚の袋戸は絹地に裏箔をして、墨と金で竹が描かれており、橋本雅邦が担当した。

大使館は「純欧羅巴式の構造の所を、毫も造作を変更せずして、直ちに装飾を施し、而かもその装飾によつて、信の日本美術の価値を」知らせることを目的に和洋折衷の妙を見てほしいという日比翁助の粋な計らいが随所に披見されることになったのである。[36]

パリの日本大使館にみる日比翁助の日本美術工芸品に対する自負心とこだわりを見てきたが、次に三越呉服店における新美術部での展示販売に名を連ねた画家について、明治四十二年「時好」に掲載された中からみてみよう。絹本（日本画）ジャンルが充実しており、橋本雅邦、川端玉章、荒木寛畝、鈴木松年、今尾景年、望月玉泉、寺崎広業、下村観山、小堀鞆音、川合玉堂、横山大観、大橋翠石、菱田春草、鈴木華村等が主な出陣作家として掲載されている。洋画部門も出品されており、黒田清隆、岡田三郎助、和田英作に加え、時流の作家だけではなく不遇の洋画家川村清雄の小品も出品させている点も注目される。[37]

日比翁助の美術に対する趣向を知る上で、前述の出品されていた画家だけではなく、明治四十三年（一九一〇）十一月、三越呉服店の店員を慰労する目的で種々の趣向を凝らした大運動会が鎌倉で開催され、その余興の一環として仮装行列も行われ、その行列の光景を評して、欧米の商業の手法を技術的に用いながら、武士的な精神を貫く姿勢が三越の経営方針の根底にあり、さらにその美術に対する見解を述べている一文があるので、次に紹介する。「馬上の侍ひは久保田米齊氏で郎党の二人は杉浦、岩瀬の両画伯であつた。此三画伯が泰西的図案の手法をもつてわが固有の日本芸術の思想を発揮して居る其手段は、実に呉服店全体の方針に一致」すると述べ、「わが三越呉服店が、いかばかり泰西的商業手法を採用するとも、其定員の根本人格は矢張武士的である、古日本的」であるという。そこには士魂商才の精神をもって企業経営にあたるという理念が表明されており、つまり日本古来の伝統を士族精神「魂」と規定し、欧米から輸入された商業の知識や技能「才」をもって経営にあたるということであった[38]。

士魂商才の精神を標榜していた日比翁助について、その風貌を「武士的」と評したのは、美術評論家の斎藤隆三である。斎藤は「日比サンは自ら野武士といつて居られてた、野武士でなかつたが、如何にも武士らしい風格があつた、男らしい男振り、朗々たる音聲、颯爽たる風姿、さうして外観だけでも武士らしいものが多分にあつた」と述べている。その容姿だけではなく、商売の機略に絡む重大な人事や利益に関係する事なども、信念と勇気を持って斎藤に相談する信義に厚い人物であった。「美術部の事に就いて一寸した相談を請けた事がある。その時でも、作家に対する謝礼から売価利益まで明記された帳簿を無造作に示されての話であつた、商の機略に潜むものである、何でもない事のやうでも出来ない事と思はれる[39]」。

日比翁助は、幼少期漢学を学ぶとともに、武士の嗜みのひとつとして絵画の手解きを受けていたという素養と、本人にも画才があり、画を描くこと自体に楽しみを見出していたことが、後年、三越呉服店の専務取締役として経営を任せられるに際し、新美術部を設立し、絵画、特に日本画を中心とした展示と販売を行うことにつながったのだろう。日比翁助の作品が残っていないのが残念だが、パリの日本大使館の意匠や、新美術部への出品作家の顔ぶれなどを見ると、日本画への愛惜は相当強い思いがあった。したがって、単に展示即売会で集客や収益を上げようという、目先の利益ではなく、長い目でみた日本美術の振興と発展を願って新美術部を設立したとみて間違いないであろう。

青年期に慶應義塾で福澤諭吉から「国家の基礎は実業にあり」との薫陶を受け、実業界から報国する道を選択した日比翁助は、その根本には私利私欲や企業利益という利己的な理由ではなく、国家に威信を付与することを目指す理念があり、広く公衆に開かれたパブリック・ストアーとしての百貨店でありたいという理想があった。それを支えたのは、士魂商才の精神であった。

さらに日比は、日本美術が欧州美術に比肩するものであるとの自負を強く抱いており、明治維新を経て明治初年の文明開化期に西欧化の荒波に晒され、多くの日本美術が海外の愛好家や美術商により海外へ輸出される結果となった。その後、日露戦争の勝利がもたらした日本の愛国精神の高揚も相俟って、日比の「日本美術」に対する自負心もさらに強くなり、パリの日本大使館でみた日本美術を活かした意匠の実践から、世界の舞台に「日本美術」を普及させようという、公利を追求したのであった。

六　おわりに

明治二十八年（一八九五）高橋義雄は三井呉服店の理事に就任し経営全般の改革を任された。日比翁助は明治三十一年（一八九八）三井呉服店の支配人となり、明治三十三年（一九〇〇）の座売りの全廃を図るなど、高橋と日比は二人三脚で越後屋の近代化に邁進した。明治三十七年（一九〇四）には合名会社三井呉服店から株式会社三越呉服店を設立し、華々しく「デパートメントストア宣言」を行った。この時、日比は専務取締役に、高橋は取締役に就任している。高橋は明治三十九年（一九〇六）三越呉服店の取締役を退任し、後継の日比にすべてを任せることにしたのであった。

高橋義雄と日比翁助両名の共通項は、高橋は水戸、日比は久留米出身と、士族階級であるものの、薩長藩閥の主流ではなかった点にある。さらに両名ともに慶應義塾を出て実業界で立身することを誓い、三井銀行を経てその手腕を買われて三越に入ったという点も共通している。

高橋義雄についてはアメリカでの留学経験がその後の人生を大きく左右した。フィラデルフィアの百貨店ワナメーカーを訪問したことが、後年三井呉服店の小売方法の改革につながるのであるが、アメリカの次に滞在したイギリスのリバプールでは親日家の日本名誉領事ボウズと出会ったことと、彼の私立美術館で日本美術を鑑賞するという行為を身につけたことが、その後の人生を大きく変えたといってよかろう。実業界を大正元年（一九一二）に引退し茶の世界に没頭したのはこの英国滞在経験もあったのだろう。

フランスでも美術館巡りや美術鑑賞が病みつきになった高橋には、ひとつの確信が生まれる。都市には国策で美術館を建設しなければならないと。そして、それは国家工芸美術の見本を展示し、新たな意匠を生み、海外に日本美術工芸品を販売する殖産興業にもつながるという理想であった。美術鑑賞教育にもなる、美術工芸の見本を展示する美術館は、誰もがアクセスしやすい、利便性の高い場所に建てられなければ意味がなかった。ただし、日本では公共の美術館建設が遅れたため、誰もが気軽に立ち寄れる三井呉服店で、先ず美術鑑賞の垣根を低くすることを画策したのではないだろうか。

高橋義雄の功績として、元禄模様の復興と斬新なデザインによる販売と、流行の創出という側面は大いにあり、近年この分野の研究も活発になっている。(40) 欧州で日本美術が芸術品として重宝されている現実を目の当たりにした高橋義雄は、温故知新のデザイン革新による日本工芸美術品を輸出し、殖産興業の振興に寄与することを目論んでいた節はある。

一方、三越の経営全般を高橋義雄から引き継いだ日比翁助が、新美術部を設立し日本美術工芸の展示や販売を通じ、その振興に傾倒していった。三越呉服店の経営の柱に日本美術を中心に据えた積極的な振興を図っていったのは、幼少期に、狩野左京之進から画の手解きを受け、武士の素養として画に親しみ、その風雅を理解する素地が備わっていたことも大きな要因のひとつである。パリの日本大使館内装を日本美術や工芸の意匠に凝った和洋折衷にするなど、公私ともに日比翁助は日本の美術工芸を支援し、世界の舞台に飛躍することを願って止まなかったのである。

何れにせよ、高橋義雄と日比翁助の両名ともに日本美術や工芸の素養と造詣が深い経営者でなければ、三越と美術は結びつかなかったであろう。日比は、士魂商才の理念の下、誰にでも開かれたデパートメントストアを目指したが、その中でもとりわけ、日本の美術と工芸の鑑賞家を育てる教育普及的な効果を期し新美術部を設立した。それは健全な美術市場を確立することで、作品を購入できる環境を整えたことにより、その時代に活きる作家を支援することにもつながり、購入者と作家を結び付けるアート・ギャラリーとしての機能も併せもっていたといえる。

日本ではデパートで展覧会や展示会を開催していることにあまり疑問をもっていない方が多

いと思うが、その歴史をたどると明治後期三越の高橋と日比の事績にたどり着くのである。デパートの博覧会化、流行の創出など三越が消費文化に果たした先駆的な役割について先行研究が多くある中、フィラデルフィアのワナメーカーやイギリスのハロッズなど、高橋や日比が参考にした海外の先進的なデパートメントストアについては、詳しく比較分析している研究は少なく、海外の百貨店との共通性や独自性については別途稿を改めて論じたい。

注

(1) 岩渕潤子『美術館の誕生』(中公新書、一九九五年)二〇〇頁。
(2) 暮沢剛巳『美術館の政治学』(青弓社、二〇〇七年)一二〇頁。
(3) 山口昌男『「敗者」の精神史』(岩波書店、一九九九年)五八〜五九頁。
(4) 「みつこしタイムス」第八巻第五号(三越呉服店、一九一〇年)二〜三頁、一一頁。
(5) 尾形月耕、川合玉堂、梶田半古、横山大観、高島北海、野村文挙、山岡光華、福井江亭、小堀鞆音、寺崎広業、荒木寛畝、荒木十畝、島崎柳塢、望月金鳳、鈴木華邨、松本楓湖ら十六名が出席した。同右書「みつこしタイムス」(三越呉服店、一九一〇年)一一頁。
(6) 「みつこしタイムス」第八巻第十号(三越呉服店、一九一〇年)。「第一回美術工芸品展」は来場者が多く会期を二カ月延長したという。明治四十四年(一九一一)には東京三越で「小川芋銭・小杉未醒漫画展」を明治四十五年（一九一二）には「四大画伯新作品展」（横山大観・下村観山・寺崎広業・河合玉堂）を開催している。『株式会社三越一〇〇年の記録』（株式会社三越、二〇〇五年）参照。

（7）高橋義雄『實業懺悔』（箒文社、一九一五年）その他高橋の経歴については断りのない限り同書、または高橋義雄『箒のあと』（上）（下）（秋豊園、一九三三年）によった。

（8）高橋義雄『箒のあと』（上）（秋豊園、一九三三年）一三一～一三二頁。

（9）同右書『箒のあと』（上）一三六頁。

（10）同右書『箒のあと』（上）一四五～一四六頁。

（11）同右書『箒のあと』（上）一四五～一四六頁。

（12）中上川彦次郎宛（明治二十一年八月二十七日）『福澤諭吉全集』第十八巻（岩波書店、一九六二年初版、一九七一年再版）二四七頁。

（13）前掲書『箒のあと』（上）一三六～一三七頁。

（14）「時事新報」明治二十一年八月十二日。以下高橋の「伊太利博覧会」の記述「倫敦手紙」からの引用。

（15）一八八七年にワナメーカーが購入。購入は当時、欧州や米国でセンセーションを巻き起こしたという。ワナメーカーはこのムンカーチの絵を自宅に飾り家宝としたが、一九〇七年二月八日故郷リンデンハーストの自宅で火災が起こり、焼失を免れるため、フレームから切り取られて救出された。後にオリジナルのサイズに修復され、ワナメーカー百貨店の九階に展示されることになった逸話のある名画である。

(16) 高橋義雄『商政一新』(大倉書店、一八九〇年)二〇三〜二〇五頁。
(17) 前掲書『箒のあと』(上)二四一頁。
(18) 同右書『箒のあと』(上)三〇七頁。
(19) 同右書『箒のあと』(上)一四九〜一五一頁。
(20) 株式会社三越編『株式会社三越一〇〇年の記録』(株式会社三越、二〇〇五年)六三頁。
(21) 同右書『株式会社三越一〇〇年の記録』(株式会社三越、二〇〇五年)六二頁。
(22) 山口昌男『「敗者」の精神史』(岩波書店、一九九九年)八六頁。
(23) 狩野左京之進の経歴について「本姓は三谷幼名虎次郎、繁又義信或は眞琴と呼び左京之進と稱す。天保五年三潴郡津福村に生る。狩野勝浦の三男なり、幼少より畫を父に學ぶ。嘉永五年二月久留米藩より家業上達の故を以て士籍に列せらる、是より畫名四方に高し、又船曳石主を師とし國學を修め和歌に巧なり。尊王攘夷の事起るに及び同志者と共に窃に勤王の大義を謀り東西に奔走す、大和の人北畠四郎(治房)隠岐人松浦虎之助、豊前小倉に至り、長州に至らんとせしも事成らずして歸り、同志と共に幽囚せらる、慶應年間す屢々大宰府に往來し水野正名、眞木直人等と共に國事に盡力す、五卿歸洛後有志の徒と奔走止まず時に藩内紛擾遂に朝廷の嫌疑を蒙り、日田巡察使本營に護送せらる、是に於て鞠問嚴酷再三にして藩に還り禁錮せらるゝこと百日にして免せらる、明治十三年七月廿六日病を得て歿す、年四十七、嗣子なくして家絶ゆ」とある(久留米市役所『久留米市誌(全四巻)下編』(名著出版、一九七三年)一九五〜一九六頁）。左京之進の三谷家は代々久留米藩のお抱え絵師であった。江戸時代のはじめ初代の等哲が久留米に入り、その子等悦が有馬家に召抱えられて以来、幕末まで歴々とお抱え絵師の地位を独占した。狩野義信、虎次郎と称し、号を繁、中年の号を狩野左京之進と言った（久留米市史編さん委員会『久留米市史　第十三巻資料編（美術・工芸）』（久留米市、一九九六年）八六頁〜九一頁）。

（24）星野小次郎『日比翁助』（創文社、一九五一年）五六頁。

（25）日比翁助述、菊池暁汀編『商売繁盛の秘訣』（大学館、一九一二年）一〇四〜一〇五頁。

（26）「時好」明治四十一年第六巻一号、二七頁。

（27）濱田四郎『百貨店一夕話』（日本電報通信社、一九四八年）二二頁。

（28）同右書『百貨店一夕話』（日本電報通信社、一九四八年）二三頁。

（29）前掲書『商売繁昌の秘訣』三〇〜三一頁。

（30）同右書『商売繁昌の秘訣』三〇〜三一頁。

（31）「美術品に偽造、贋物はつき物だ。であるから店で賣るものは現に生存せる諸大家の作品に限り、物故せられた大家の作品は一切賣るべからずといふのが、日比さんの鐵則、新美術賣場出發からの内規であつた」前掲書『百貨店一夕話』二五頁。

（32）巌谷小波著『巴里の別天地　大日本大使館装飾記』（編輯兼発行人日比翁助、三越呉服店、一九〇八年）五九頁。

（33）前掲書『商売繁昌の秘訣』五五〜五六頁。

（34）「三千年來風光の明媚な所で涵養された日本の美術は日本獨特の風に發達し、富岳の秀麗に配するに嶄新な意匠を以てすれば」外国人に注目されるのは間違いない。そして、日本美術は「決して外國に退けを取る虞はない」と確固たる自信をもって「美術の大家等から非難を受けても斷乎として所信を貫くことにした」同右書『商売繁昌の秘訣』五八頁。

（35）「日本美術が歐洲中心地に出しヒケを取らなくなるのは何時であるか。東郷大将が優勢な露國艦隊を撃破したのも、滿洲軍が世界の陸軍として強いといはれた露軍に打勝つたのも、勝つだけの自信を有つて居たからである。對手は世界の強國である。勝つ見込がないと云つて居れば何時まで経つても日本の海陸軍の名聲は揚がる機會がなかつたのであらう。之は獨り海陸軍に限るべきではない、美術上に於ても日本國民は大なる自信を有つて大に世界の舞臺に飛躍せなくてはならぬ。そして私は又日本の美術は飛躍するだけの價値があるものと自信して居つたのである」同右書『商売繁昌の秘訣』五七頁。

（36）前掲書『巴里の別天地　大日本大使館装飾記』五七頁。

（37）「時好」明治四十一年第六巻一号二七頁。日比翁助と川村清雄の関係については、拙稿「明治後期における三越呉服店における日比翁助の企業経営と藝術支援―百貨店経営理念の形成と美術的展覧会の理想―」（『東京都江戸東京博物館紀要第一号』二〇一一年、東京都江戸東京博物館）所収を参照されたい。

（38）日比翁助「鎌倉と三越」一九二二年（和田博文監修・原田香織編『コレクション・モダン都市文化第五四巻　鎌倉と海水浴』ゆまに書房、二〇〇九年所収）二〇五頁。

（39）「信を人の腹中い置くといひませうか、日比サンは自ら武士を以て任じたが、人をも武士を以て遇した、私などは何も深い関係を持て居つた者でなし、特にその当時はまだ白面の書生上がりで、話の相手になる程のものでなかつたが、ソレデモ話をされる時には、思ひ切つた内秘も打明けらるれば、人事に関することなどでも、可なり立入つた事まで聴かされたものである、心に蟠まりのない人、武士らしい信念を持つ人、勇気のある人にして始めて出来ることで、人を疑を懐くやうなケチな量見のものには出来ない事だ、それだけに信を置いて話された事は、聴かされた方でも、亦男にかけて信を守ることになる、人事に関する事などは二十幾年か経つた今日以て、私はまだ之を人に語つたことがない」豊泉益三編『日比翁の憶い出』（一九三二年）八九～九〇頁。

（40）神野由紀『趣味の誕生　百貨店がつくったテイスト』（勁草書房、一九九四年）、西沢保・山本武利『百貨店の文化史　日本の消費革命』（世界思想社、一九九九年）、廣田孝「明治期の百貨店主催の美術展覧会について　三越と高島屋を比較して」（意匠学会『デザイン理論』二〇〇六年所収）、向後恵里子「三井呉服店における高橋義雄と意匠係」（『早稲田大学大学院紀要』日本文学演劇映像美術史日本語日本文化、二〇〇六年所収）、岩淵令治編『「江戸」の発見と商品化―大正期における三越の流行創出と消費文化―』（岩田書院、二〇一四年）。

《文学》

第三章　恋人たちの明治文学史

神田祥子

一　「恋愛」文学の可能性

「恋愛」の新しさ

現代日本において、「恋愛」が小説の主題となることに疑問をもつ人はおそらくいない。むしろ「恋愛」の気配をまったく感じさせない小説の方が、珍しいと感じられるのではないだろうか。小説だけでなく、コミック、ゲーム、ドラマ、映画など、ストーリーのあるところに「恋愛」の要素はつきものだし、年齢や性別を超えて読者の共感や支持を集めるおなじみの題材の一つともいえるだろう。

しかし「恋愛」が小説の題材として違和感なくなじむまでの道のりには、現代からは想像しがたい険しさがあった。明治時代の日本では、「恋愛小説」を読むことがよくないもの、とされていたことすらあるのだ。明治四十年に書かれた田山花袋の小説『蒲団』には次のような箇所が出てくる。

基督教の女学校は他の女学校に比して、文学に対して総て自由だ。其の頃こそ『魔風恋風』や『金色夜叉』などを読んではならんとの規定も出て居たが、文部省で干渉しない以前は、教場でさへなくば何を読んでも差支なかつた。

（田山花袋『蒲団』[1]）

『蒲団』のヒロイン・芳子が女学校生活をしていた頃（おそらく明治三十年代半ば）の一節だが、『魔風恋風』も『金色夜叉』も当時ベストセラーとなっていた恋愛小説である。校風の自由なキリスト教系の学校ですら、表だってこういったものを読むのは憚られる風潮だった、とここには書かれている。もっとも「読んではならない」という規定が出るのは、蔭ではそれだけ人気だったということでもあるのだが、むしろこれは「小説」というもの自体が、当時「あまり読まない方がいいもの」というイメージを持たれていたためでもある。

読書が推奨される学校生活を送ってきた現代の私たちからすると、このような感覚にはかなり違和感がある。「小説」が、明治時代にどのような扱いを受けていたかは後でくわしく触れることにし、まずは「恋愛」に話を戻していこう。

そもそも「恋愛」自体が、明治になってから生まれた新しい概念であるという説は有名である。英語の“Love”の訳語としてはじめて「恋愛」という言葉が作り出され、それは日本に元来あった男女関係を表現する概念とは異なっているというものである。

とはいえ『万葉集』に含まれる恋の歌や、『源氏物語』での光源氏の華やかな女性遍歴を見れば明らかであるように、明治以前の日本文学にも現代の「恋愛」に相当しそうな男女関係は幾度も描かれている。しかし古代の貴族社会から中世・近世の武家社会に移り変わるにつれ、文芸に描かれた恋の様相は明らかに変貌をとげていく。当初に見られた男女双方向の情熱的な恋は、儒教的な男尊女卑の思想とも相まって、遊戯的な、もしくは女性から男性のみに捧げられる一方的なものとなっていく。小谷野敦は次のように述べている。

平安朝的な恋愛文学の伝統は、近世初期の「仮名草子」を最後にとだえる。その後は、美化されるのは〈恋する男〉ではなく、たとえば浮世草子における、恋愛ゲームのなかでたくみに振る舞う傾城や、近松以後の浄瑠璃や人情本における、ひとりの男に激しく恋を捧げる娘たちになってゆく。（中略）そして日本文藝は、あるいは文藝との関係において生じる恋愛思想は、それがもっとも西洋的なものから遠ざかったとき、つまり徳川後期から明治期に、文明開化のなかで西欧的な恋愛と出会うという数奇な運命をたどることになったのである。(2)

つまり、社会的地位や経済力で優位にたつ男性に対し、遊女など身分制の中で下位に置かれた立場の女性が、一方的に献身と愛情を捧げるという構図が、近世以降の恋の描かれ方において主流となる。武家社会の封建的倫理と、江戸以降の儒教的倫理の中では、「家」を存続させるための婚姻が重要視され、一般の（同じ階層に属する）男女による自由な恋愛はその秩序を乱すタブーとみなされた。そして封建制を脅かさない範囲での遊戯としての恋（＝色）だけが、「遊里」という特殊な場で許容されることになっていく。「家」を存続させるための結婚と、遊戯としての色恋は明確に弁別されていくのである。

またこのような価値観のもとでは、色恋はあくまで社会的な本道から外れた余技的なものであり、特に主君への忠誠や立身出世に身を捧げるべき男性が、人生を左右するほど色恋に熱中するということは、恥ずべきこととされる。その価値観を逆手にとって、人生をかけた恋の純粋さを描く心中物なども登場したが、基本的に「恋」が持つイメージは、世をはばかる後ろめたさと不可分になっていく。

そのような時代における「色恋」のイメージを経たがゆえに、新たにキリスト教文化圏からもたらされた「恋愛」の概念は、明治時代において新鮮かつ開明的な概念として迎えられることになった。当時の知識人たちに愛読され、また翻訳や翻案の形で日本の読者たちに紹介された西洋の小説に描かれる「恋愛」は、それに少なからず影響を与えている。

そこでは、貴婦人への思慕に命や名誉をかけるヨーロッパ中世の騎士道精神に端を発する女性崇拝の思想が根底にあり、精神性が重視された対等でプラトニックな男女関係が描かれている。さらに自由な「恋愛」が何の後ろめたさもなく、堂々と物語の主題となりうるところにも、新しさがあった。むしろ主人公たちは「恋愛」を通して精神を修養し、人間としての成長すら遂げる。

もちろんヨーロッパにも様々な文芸があり、時代や登場人物達の社会的立場などによって描かれる「恋愛」のあり方もまた多様であったに違いない。しかしこうして紹介された「恋愛」

が、江戸時代までの「色恋」のあり方を否定すべき対立概念としながら、明治日本における「西洋風」の「恋愛」イメージを作り上げていくことになるのである。

プラトニッククラブの賛美

明治初期に、女性教育の近代化に取り組んだ巌本善治によって使われた「恋愛」という語の用例を挙げつつ、柳父章は次のように述べている。

「恋愛」は、「不潔の連感に富める」「恋」などと違って、上等である。価値が高い、とされている。その違いは、「恋愛」の方が「清く正しく」「深く魂（ソウル）より愛する」ような意味を持っているからである。(3)

巌本善治が主宰した『女学雑誌』は、こうした「恋愛」に関する評論や議論の舞台となった。そこではプロテスタント系のキリスト教にみられる厳格な男女関係と相まって、原語の“Love”以上に、「恋愛」という言葉にプラトニックな精神性が求められた。また避けて通れない「性」の問題は、神に祝福される結婚・生殖に結びつくものであるべきことが強調された。そして近世までの後ろめたさを伴った「色恋」との差異は、（特に結婚前の）性欲の否定に求められる。

もっともこうした考え方には「恋愛」を美化しすぎている傾向もあり、観念的な「恋愛」と現実の「結婚」生活がむしろ相容れないものである可能性を指摘したのは、同誌に北村透谷が発表した評論『厭世詩家と女性』（明治二十五年）でもあった。しかし冒頭の「恋愛は人生の秘鑰（＝鍵）なり」という一節の方が大きく支持されるかたちで、この評論は明治期知識人の理想化された「恋愛」賛美を示す、もっとも著名なものとして知られるようになる。「恋愛」は人生にかかせない要素であり、「恋愛」を経験することで人間は成長するという、現代でも時おり聞かれる考え方は、このあたりに端を発している。

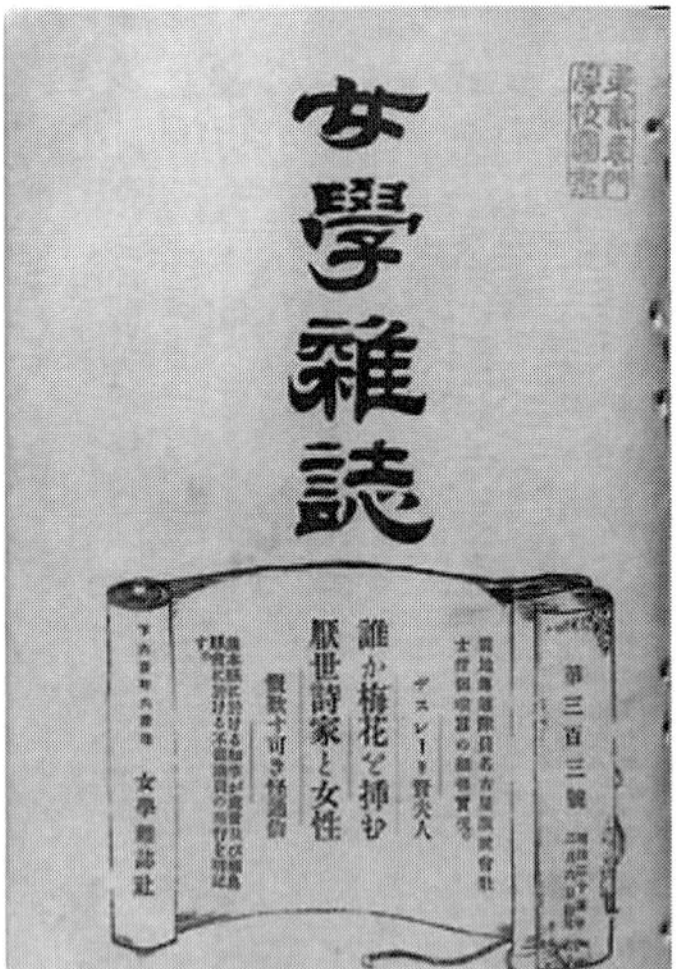

『女学雑誌』明治25年2月号　表紙
（早稲田大学図書館蔵）

「恋愛」の結末として「結婚」がある、というのは現代から見れば特に違和感のあるものではない。だが前近代において「結婚」とは何よりも「家」という共同体や、そこに属する「血筋」「財産」を存続するための手段であり、結婚する男女の間に個人的な「恋愛」感情があるかないかは、ほとんど問題にならなかった。しかし「結婚」が「恋愛」の結末として捉えられたとき、共同体としての「家」と個人的な「恋愛」は、対等な対立項として機能しはじめる。明治時代において、共同体と個人の葛藤はさまざまな場面で取り上げられるテーマであるが、「恋愛」が封建的な共同体の論理に対抗する「個人主義」の象徴の一つとなりえたところにも、新しさがあったのである。

しかし、西洋の恋愛小説を翻訳紹介するにも、またオリジナルとしての日本の恋愛小説を描く上でも、まだまだ当時の日本には大きな壁がいくつも存在した。まずは言葉の問題として、どのような日本語で「西洋風の恋愛」を表現するのかということである。翻訳による言葉の移し替えは、単なる言葉同士の問題ではなく、言葉の根底に根付く文化の擦り合わせである。恋愛に限らず、西洋文化に触れて日の浅い日本において、西洋の新しい概念を自国の言葉で理解することは困難を極めた。

また日本の同時代社会を舞台にして、「西洋風の恋愛」を体現しうる対象が見つかるのかという点も大きな問題であった。知識人層の若い男女に「恋愛」の概念がもてはやされたとはいえ、それはすぐに彼ら自身の恋愛や結婚に直接結びつくものではなかった。むしろそのような若者たちほど、江戸以来の封建的価値観を色濃く投影した保守的な環境で育っていた。

当時の日本人に、精神性の高い「恋愛」小説を伝え、その味わいを理解させるには何が必要となったのか。「恋愛小説」を日本に根付かせるためには、「恋愛」のイメージアップだけでなく、「小説」そのもののイメージアップもはかられねばならなかった。なんといっても、明治時代の「小説」がもっていたイメージは、現代とは大きく異なっていたのである。

二　新しい時代の「小説」をめざして

「小説」受難の時代

現在でこそ、小説（特に純文学の小説）はある程度高尚な言語芸術としての地位をもっており、小説を読むのが趣味という人には、高いリテラシーや教養があるものだ、というイメージがついてまわるように思われる。しかし明治初期において小説好きを公言することは、決して良い印象を伴うものにはなりえなかった。江戸時代までに言語芸術としての地位を得ていたのは、作成のために多くの教養や技能を必要とする漢詩や和歌などの韻文であり、小説にあたる「戯作」はそれらより数段劣る大衆的な娯楽と考えられていた。それらは「学問」となりうる歴史や中国古典、韻文を理解することのできない無学な人が好む、低俗な読み物というニュアンスさえもっていたのである。

「小説」という言葉は、中国の「白話小説」と呼ばれる口語体の読み物に影響を受けた江戸の戯作者たちによって使われ始めたとされる。もともと正統な歴史である「正史」に対し、「小説」とは通俗的ででたらめな読み物、としてのニュアンスをもっていた言葉であった。事実ではない作り事――それは客観的で公式的な「記録」とはなりえない。だがそれゆえに、フィクションならではの自由な発想や表現を生かしうる場となりえたのである。また「作り事」であることを逆手にとって、言論の自由が保障されない時代にあっても、間接的に社会風刺を盛り込むことが可能であった。

明治に入り、日本は二百年余りの鎖国を経て、西欧文化の流入に直面することになる。中でも近代科学の発展にもとづく実証性を根底に据えた合理的な価値観が、社会のあらゆる場面で敷衍されていくことは、物質や技術面にとどまらず、文学にも大きな変革を要請した。現実的《リアル》であること、実用的であることを重んじる明治の日本にあって、虚構ゆえの面白さを追求し、現実から乖離した世界観を構築すること――またそのようなものを読んで楽しむこと――は、いっそう否定的なまなざしを当てられることになったのである。

実際に、歌舞伎などの演劇や戯作を含めた大衆文芸を、近代化する社会にそぐわない風紀紊乱のもとであると批判し、取り締まろうとする動きさえあった。幕末から明治初期にかけて戯作の内容も類型化してきており、多くが遊里や花柳界の風俗に終始する傾向があったことも、これに拍車をかける。このような時代にあって、戯作はしだいに衰退していき、作家の数も激減したといわれる。

明治初期の代表的な戯作者・仮名垣魯文は、牛鍋など新しい時代の風物を取り込んだ『安愚楽鍋』（明治四〜五年）などで人気を博したが、戯作のあり方そのものを刷新するには至らなかった。明治五年に教部省から発せられた「三条の教憲」以降、政府は文芸の役割を民衆の啓蒙であると規定していく。魯文らはこれに迎合する形で「著作道書き上げ」を提出し、政治的プロパガンダとしての役割を表面上は受け入れざるを得なくなる。文芸の自由度と独立性はますます封じられていく傾向にあった。

しかし明治十年前後から新聞の創刊ブームが起こり、庶民向けのタブロイド紙的性格をもつ「小新聞」が次々に発行されるようになると、読者を集める魅力的なコンテンツとしての「続き物」がもてはやされるようになった。これら「続き物」の多くは戯作者たちの手によって書かれており、実際に起こった事件を読者にも分りやすいよう解説し、報道する、という「実録」

の体裁をとって書かれた。

ただし、これらは客観的なルポルタージュの類でもなく、実体としては、実際の事件をモデルにしつつも大幅な脚色と虚構を交えた「戯作」に過ぎない。また文体や書き方、紋切型の人物造形や儒教的な価値観による勧善懲悪に従った展開など、内容としてもリアリティがあるといえるものではなかった。しかしそれでも「実録」――事実をもとにしており、フィクションではない――という体裁であることが、「小説」的なものの存在を許容するひとつのエクスキューズにはなり得たのである。

西洋における「小説」

一方で、ヨーロッパ文学の翻訳も明治十年頃からさかんに行われるようになり、また外国語を習得した知識人層を中心に、直接それらの原典を読む人も増えてきた。「小説」的なものの改良は、これらの読者となった知識人層から始まっていく。

日本語で訳された外国小説は、異国情緒や先進的なイメージを伝えるために、旧来の戯作文体ではなく、漢文訓読体で訳された。中国古典籍がもつ教養と格調のイメージを引き継ぐ漢文訓読体は、公式文書などに用いられるオフィシャルな文体であり、これらが外国の「小説」に対して、知的で高尚なイメージをつけくわえ、知識人層の支持を集めることになった。

翻訳された外国文学のうち、いわゆる空想科学小説（現在で言うＳＦ）に加えて、西洋人情小説（恋愛小説）は特に人気を集めた。ブルワー＝リットンの小説『アーネスト・マルツラバース』と『アリス』を翻案した『花柳春話』（丹羽純一郎訳・明治十一年）はその代表的なものであるが、作者のエドワード・ブルワー＝リットンが英国で地位の高い政治家であったこと（彼の子孫は代々インド総督を務め、孫のヴィクター・ブルワー＝リットンは後にリットン調査団団長となる）や、彼と親交の深い英国首相ベンジャミン・ディズレーリの小説作品『カニングスビー』が明治二十年に福地源一郎によって『春鶯囀』として翻訳されたことなどは、西洋における「小説」――"Novel"や"Roman"――が高尚な芸術であり、社会的地位の高いエリートにも親しまれていることを、日本の知識人たちに強く印象づけるものとなった。また民衆に自由民権思想を普及するための手段として、民権活動家たちの手による政治小説が発達するなど、次第に「小説」の地位を向上する土壌は整備されつつあったのである。

このような時代に小説の近代化を目指した坪内逍遥は、評論『小説神髄』（明治十八～十九年）の中で、西洋の"Novel"を表す言葉に「小説」をあてる。それまでの「通俗的ででたらめな読み物」という意味に、西欧の先進的な言語表現のニュアンスが加えられた「小説」は、西欧文化を称揚する風潮にのって、言語芸術としての地位向上を目指して改良されていくことになる。

日本「小説」の地位向上を目指して

坪内逍遥は、明治初期の東京大学でイギリス文学を中心とした西洋文学を学び、のちにシェイクスピアなどの翻訳にも取り組んだ。彼が日本の「戯作」を、言語芸術である「小説」にするために求めたものは、まずリアリティであり、儒教的な価値観によって類型化された人間描写の否定であった。

彼は『小説神髄』の中で「摸写」という概念を提唱し、表現すべき対象を、科学者のように客観的に、分析的に描くことを目指すべき目標とする。そして有名な「小説の主脳は人情なり。世態風俗これに次ぐ」という一節に見られる通り、

単行本「小説神髄」坪内逍遥著
明治19年5月　松月堂　見返し題
（神戸大学附属図書館蔵
住田文庫　7B-57）

小説がもっとも表現すべき対象は「人情」、すなわち「人間の内面（心理）」に求められる。科学者のような客観性と分析性が文学に求められていくのは、当時フランスを中心に広まっていた自然主義の影響であり、人間の「内面」的心情を中心に描こうとするのは、その前段階としてのロマン主義の影響である。本来、双方のアンチテーゼであったはずの二つの要素が、日本では同時に受容され、「写実」的に人間の「内面」を描写するという変質を遂げていくことになる。困難と矛盾をはらんだこの問題は、後に「私小説」を中心に発展していく近代日本文学のあり方にも大きく関わっている。

しかし大きく変化する時代にあって、新しい社会や価値観に接した際の心の動きは、より多くの人に共有されるテーマであった。特に、人生の多感な時期に大きな変化に直面した若い世代の知識人たちにとって、自らの立ち位置を求めて葛藤や煩悶をくりかえす「自分の内面」が、非常に切実なものとなったことは想像に難くない。また社会や時代に対する漠然とした戸惑いに、何らかの言葉によって形が与えられることを求める思いもあったと考えられる。

「恋愛」はこの近代的な「内面」を描く上で、重要なモチーフとなった。明治初期の小説に描かれた恋人たちは、特にその苦悩を通して、変化する時代と価値観の様相を浮き上がらせていく。そして立ちはだかる「旧弊なもの」を前にしたとき、彼らの「恋愛」はいっそう美化され、輝きを増すように描かれていくのである。次節からは具体的な作品を取り上げて、明治の小説に描かれた恋人たちの姿を見てみたい。

三　明治の「恋愛」小説

前節までに見た経緯からも察せられるとおり、明治時代の初期に書かれた「恋愛」小説は、現代の我々がイメージする恋愛小説とはかなり相違がある。遊里の女性との間で繰り広げられる遊戯的な恋の駆け引きから、一般的な若い男女の自由な交際へと、「恋愛」の描き方が変わるまでには、長い時間と試行錯誤が必要となったのである。

「恋愛」より立身出世

小説の近代化に取り組み、リアルな「人間の内面」を描写することを目指した坪内逍遥は、『小説神髄』の実践として小説『当世書生気質』（明治十八～十九年）を書いた。書生（＝学生）の小町田粲爾と、幼なじみのお芳をめぐる恋物語を軸として、当時の若い知識人層の「内面」を描き出そうとした意欲作である。かつて兄妹のように育った二人は、小町田家の事情により別離してしまうが、久方ぶりに再会した彼女は芸者・田の次となっている。再会した二人はたちまち恋に落ちるが、田の次の馴染みになっていた男の嫉妬により、二人の仲は中傷をまじえて小町田の通う学校に喧伝されてしまう。当時の学生は将来を期待される少数のエリートであり、勉学にいそしむべきときに花柳界の女性と交際することは、社会通念的に許されないことであった。

　とはいえ、明治日本を舞台とした「恋愛」小説において、特に初期のヒロインたちは遊里や花柳界に身を置いている場合が多い。未婚の男女が出会ったり交際したりするような機会を、そのような場所以外に設定すること自体がまだ難しいことであった。田

単行本「一読三嘆／当世書生気質」坪内逍遥著
第一回挿絵「心の駒はくるふ桜の木の下の邂逅」
明治20年6月　晩春堂、団々社
（高知市民図書館蔵　近森文庫　2129）

の次は、芸者でありながら身持ちが固く、周りから変わり者扱いされているという設定が加えられ、近世の「色恋」のイメージからかろうじて距離を保っている。

父や校長に責められた小町田は苦悩するが、恋に迷う自分を「架空癖《アイデヤリズム》」の虜になったものと否定し、彼女との別れを決意する。しかし小説の根幹をなす「人情」としてもっともリアルに描かれるべき、自由な「恋愛」を阻まれた苦悩は、英単語がそのまま多用され、日常の日本語としては表現されない。

あゝ田の次。我身もろともザイセルフ〔汝《そなた》が身〕ハ。わがおろかなるアイデヤリズム〔架空癖〕の unfortunate victim〔不便《ふびん》な犠牲〕で。ありけるぞや。今ハ不実といはるゝとも。結句そなたの幸なり。また我為の幸福なり。pardon me〔ゆるしてくれよ〕と小町田が。自問自答のひとり語。

（『当世書生気質』[4]）

語り手もまたこの小町田の心情を「洋語まじりにつぶやきたる。其語気さながら西の国の。稗史を学ぶごとくなるハ」と突き放し、西洋の恋愛小説にあこがれつつも、それを表面的に真似るだけで、「恋愛」の苦しみを自分の心からにじみ出る本物の「内面」にするには至らない小町田の姿を浮き彫りにしてしまうのである。そして実際に別れ話を田の次に切り出す小町田は、自分の苦悩を彼女に率直な言葉で伝えることもできず、結局人情本のような紋切り型の台詞を口にする。

むかしハ随分情郎《いろをとこ》が。其情婦《いろをんな》と約束して。五年十年とたつた後に。夫婦になツたといふ例もあるが。今時そのやうな者ハすくない。よしあつたとした所が。たつた一個《ひとり》の女に迷ツて。其と夫婦にならふといふのを。只一心に目的にして。それで勉強をするやうな奴なら。到底益《やく》にたつ人間ぢやアない。
（『当世書生気質』）

結局、小町田から田の次に向けられた恋は、金銭を媒介した客が遊女に向けるそれと何ら変わりないものにされてしまう。男性にとって社会的な立身出世は当然恋よりも優先されるべきものであり、また恋などを原動力にした立身出世の努力は邪道なものだという、従来どおりの主張だけが彼の言葉となる。

結局終盤になって、田の次は小町田の親友である守山の妹であることが発覚し、芸者をやめて守山家に復籍する。ここに至って、ようやく二人は同じ士族階層に属する男女という設定になり、復縁の可能性も暗示されるような結末を迎える。そして田の次は小町田がどのような態度を取ろうと、一貫して変わらない思慕を彼に寄せ続ける。このようなヒロイン像は、近世までの「色恋」の書かれ方とほとんど変わらないものであった。

『当世書生気質』は同時代の日本を舞台立てに、英単語を交えて話す当時の学生たちの姿を生き生きと描写したが、肝心の「内面」に肉薄するには至らなかったという評価が一般的である。だが、むしろ描かれるべき「内面」も、それを描くべき環境もまだ近代化に追いついていないという当時の状況を、逆説的に示す結果になったともいえる。

「恋愛」も一大事

一方、坪内逍遥の教えを受けた二葉亭四迷は、小説『浮雲』（明治二十〜二十二年）の中で、今度は男性が女性の愛情の行方をめぐって煩悶する物語を書いている。『浮雲』の主人公内海文三は、将来を期待されるエリート官吏だったが、あまり融通の利かない性格も禍いして、役所から免職されてしまう。両親を亡くした彼は叔父の家に寄宿していたが、免職をきっかけに叔母に何かと冷たく当たられるようになる。そして文三が将来の許婚と目していた従妹のお勢も、如才ない元同僚の本田昇に心を寄せはじめるのだった。

文三の苦悩を効果的に描写する方法をさぐるため、二葉亭がいくつかの視点・文体を使い分けて書いていることはよく知られている。第一篇では戯作調の登場人物たちを揶揄するような語り手が設定され、「自分には気が付かぬでも文三の胸には虫が生《わい》た。（中略）虫奴は何時の間にか太く逞しく成ツて「何したのぢやアないか」ト疑ツた頃には既に「添度《そいたい》の蛇《ぢゃ》」といふ蛇に成ツて這廻ツてゐた」と、言葉遊びを交えて文三の恋心を茶化しながら、「色恋」を滑稽なものとして距離を取ろうとする近世以来のまなざしを保っている。

しかし第二篇以降では語り手が文三の視点に寄り添い、第三篇では登場人物たちを中立的に見下ろす視点を加えることで、より彼の内面に肉薄した客観的な描写が可能となる。それによって文三の煩悶は次第に、一人の男性の人生をゆるがしかねないシリアスな近代的「恋愛」の苦悩として描き出されていくのである。

近世以来の人情本の定石であれば、文三が免職されようとされまいと、お勢は『当世書生気質』の田の次のようにどこまでも彼を慕ってくれるはずだったのだ。そして文三自身の悩みもまた、自分が再び立身出世のコースに復帰して成功しうるか、という問題だけに向けられていたに違いない。しかし現実のお勢はより将来性のある昇に惹かれ始め、また自分の逆境を積極的に克服する手段もなく、昇に嫉妬するばかりの文三に失望していく。

女性の社会的地位が、属する男性（未婚であれば父、既婚となれば夫）に左右されるものであった時代に、お勢の態度は十分に現実的なものであったに違いない。だが、旧来のモデルケースに自分の「恋愛」が当てはまらなくなったとき、文三は混乱に陥ってしまう。現実に裏切られる文三はお勢の心変わりの理由を求めて悩みに悩み、それでもなお自分が彼女の傍を離れられない理由を、ひたすら自問自答し続ける。

お勢は昇を愛してゐるやうで、実は愛してはゐず、只昇に限らず、総て男子に、取分けて、若い、美しい男子に慕はれるのが何となく快いので有らうが、それにもまた自分ハ心附いてゐまい。（中略）能く今の境界を渡り課《おほ》せれば、此一時《ひとゝき》にさま〴〵の経験を得て、己の人と為りをも知り、所謂放心を求め得て始て心で此世を渡るやうにならうが、若し躓《つまづ》けばもうそれまで、倒た儘で、再び起上る事も出来まい。（中略）此儘にしてハ置けん。早く、手遅れにならんうちに、お勢の眠つた本心を覚まさなければならん、が、しかし誰がお勢のために此事に当らう？（中略）たゞ文三のみハ、愚昧《ぐまい》ながらも、まだお勢よりハ少しハ智識も有り、経験も有れバ、若しお勢の眼を覚ます者が必要なら、文三を措いて誰《たれ》がならう？

（『浮雲』[5]）

結局、物語は悩む文三を置き去りにして中絶してしまうが、追い詰められた文三が狂気に陥るという結末も予定されていたといわれる。お勢に受け入れられなかった、という「恋愛」への敗北が、彼の全存在をゆるがすほどの苦悩を生み、どのように自分のアイデンティティーを再構築するかという「内面」のドラマへと転化される。失恋をテーマにした現代の小説であれば珍しくもない構図かもしれないが、「恋愛」が（特に男性の）人生においてこれほど大きな存在を占めるように描かれることは、非常に斬新だったのである。

女性の側が「恋愛」のイニシアティブを握り、それに翻弄される形になった男性が苦悩する、という構図は、明治のベストセラーとなった尾崎紅葉の小説『金色夜叉』（明治三十～三十五年）にも共通している。ヒロインのお宮は、自分の美貌を夫の財力と等価のステータスであると認識し、許婚と目される幼馴染の貫一がありながら、富豪の御曹司・富山唯継との結婚を選ぶ。貫一は「夫婦の幸福は全くこの愛情の力」と、「愛」を絶対化することでお宮の裏切りを批判する。そして将来有望な学生であった貫一は、この失恋体験によって人生を転換し、高利貸しとなって「金」に復讐する道を歩もうとするのである。

しかしお宮はやがて「愛のない結婚」を選んだことを後悔するようになる。作品は紅葉の死によって未完となったが、貫一がお宮を許し、再び受け入れる結末も構想されていたといわれる。明治三十年代の『金色夜叉』では、「恋愛」は人生をゆるがすほどの影響力を持つのみならず、財力より愛を尊重する方が人として正しい、という倫理的規範さえも帯びて理想化されている。とはいえ『浮雲』も『金色夜叉』も、事実上の婚約者同士の物語となっており、将来の「結婚」という現実的な問題が前提となっているがゆえに、単なる愛情の問題だけでは片付かない要素を多分に含んでいる。

「恋愛」だけで「結婚」が成立しないのは自明であり、「恋愛」と「結婚」を支える感情もまた、それぞれ別個の

単行本「金色夜叉　前編」尾崎紅葉著
明治34年3月　春陽堂　口絵
（高知市民図書館蔵　近森文庫　2320-1）

ものであるともいえる。しかし「結婚」を前提とするような仲でなければ、「恋愛」が描けないというジレンマも、またこの時代の必然であった。理念として「恋愛」のイメージが美化され、何にも揺るがない一途な純愛のロマンスが称揚される一方で、その美しさだけを無理なく抜き出すように、ロマンティックなラブストーリーを作るのは非常に難しい時代だったのだ。

純愛のロマンス

このような状況で、あまり現実的な問題がからまない「純愛」のロマンスを描くことはどうすれば可能になるのか。ひとまず同時代の日本を舞台としないで描く、というのはその一つの打開策でもあったといえる。森鷗外はドイツ留学の直後に、「ドイツ土産三部作」と呼ばれる、十九世紀末のドイツを舞台にした日本人男性とドイツ人女性のラブストーリーを書いている。中でも高校の国語教科書でおなじみの『舞姫』（明治二十三年）が有名だが、ここでは『うたかたの記』（明治二十三年）を取り上げてみよう。

留学中の画学生・巨勢は、ミュンヘンのカフェで貧しいすみれ売りの少女マリイを助ける。六年後に、巨勢は彼女と思いがけない再会を遂げ、それをきっかけに彼らのはかなくも美しい恋が始まる。その場面を引用してみたい。

少女、「さては画額ならぬ我姿と、君との間にも、その花うりの子立てりと覚えたり。我を誰とかおもひ玉ふ。」起ちあがりて、真面目なりとも戯なりとも、知られぬ様なる声にて。「われはその菫花うりなり。君が情の報はかくこそ。」少女は卓越しに伸びあがりて、俯きゐたる巨勢が頭を、ひら手にて抑へ、その額に接吻しつ。（『うたかたの記』[6]）

かつてすみれ売りの少女を助けた思い出を語る巨勢に、マリイは自分こそがその少女であると名乗り出る。そしてテーブルから伸び上って、昔助けられたことへのお礼だ、と巨勢の額にキスをする。二人は初めて会ったときから互いに惹かれあっていたことを語り合い、親しみを深める。巨勢はマリイの闊達で物怖じしない態度に戸惑いつつも、過酷な経験を乗り越えてきた彼女を尊敬し、その前に跪こうとすらする。当時の日本のカップルでは考えられない互いへの接し方である。

また連れ立ってシュタルンベルヒ湖へ向かう二人の様子は次のように書かれている。

マリイは諸手を巨勢が項に組合せて、身のおもりを持たせかけたりしが、木蔭を洩る稲妻に照らされたる顔、見合せて笑を含みつ。あはれ二人は我を忘れ、わが乗れる車を忘れ、車の外なる世界をも忘れたりけむ。（傍線原文）『うたかたの記』

誰もいない馬車の中で、抱き合うように身を寄り添わせ、見つめ合う二人。現代の感覚からすれば、なんということもない親しげなカップルの描写ということになるが、当時の感覚としてはかなり大胆なものであったに違いない。接吻や抱擁を挨拶代わりにも使うヨーロッパだからこそ、プラトニックな純愛のイメージを損なわずに、未婚の恋人たちのスキンシップを描くことができた。そして巨勢とマリイの間にそれ以上の関係が生まれる前に、マリイの急死という悲劇で二人の恋は儚く閉じられる。

マリイの言葉づかいは、十九世紀ドイツのそれでもなければ、同時代の日本語でもない古文のような「雅文体」で描写される。鷗外の描くドイツ三部作のヒロインたちは、同時代の日本の少女が持ちえなかった自由闊達な魅力を発揮しつつも、「雅文体」でつづられることによって、日本の王朝物語の姫君のような清淑で可憐なイメージを同時に付け加えられている。いわばヨーロッパの恋愛小説と日本の伝統的ヒロインたちのハイブリッドなのであり、日本の読者にも共感しやすいヒロイン像となっている。

鷗外はのちに、エッセイ『心頭語』（明治三十三年）の中で、日本では特に上流社会ほど結婚式の当日まで結婚相手の顔を知らないことはよくある、それに対してヨーロッパでは未婚の男女が知り合い、相手をよく吟味してから結婚を受諾することが普通なのであり、むしろ愛情を長く育める相手かどうかを互いに見極めることこそが徳義なのだ、と説いている。そして「恋愛」という言葉は本来西洋の語を翻訳したものなのであるから、本来的な意味ではこうした結婚前の恋愛を指すべきなのであると述べる。しかし日本では未婚の男女の「恋愛」は罪悪であって、単にそれだけの理由で「恋愛小説」が淫猥なものであると評価されることも多いと嘆くのである。

「恋愛」は結婚してから…？

明治初期の未婚の男女の間に「純愛」を描く困難は、夫婦の間に「純愛」を描くという形でひとつの解決が試みられてきた。鷗外が述べたように、儒教的な価値観の元では、特に女性は、夫以外の男性との接触をできるかぎり少なくすることが美徳とされた。まして巨勢とマリイのように連れ立って出かけたり、接吻や抱擁をすることなど、（現実はどうあれ）おおっぴらに小説に描くことは憚られるものだった。

たとえば坪内逍遥は『当世書生気質』に続く小説『妹と背かゞみ』（明治十八～十九年）の冒頭で次のように述べている。

夫れ小説は人情を主となす。人情ハ愛に於て最も切なり。（中略）而して愛情の切なるもの。男女の恋情にまされるハ稀なり。是物語に男女の情話が。必ず緯経となれる所以なりかし。さはあれ本篇の主意といっぱ。専ら妹と背の交情《じやうあひ》にありて。情婦情郎の情話にあらねバ。世にいふ為永派の情史とハ異なり。（『妹と背かゞみ』(7)）

小説の主題となる「人情」（人間の内面）は男女の「恋愛」にもっとも切実に表れている、だから「恋愛」を取り上げる必要があるのだ、と逍遥は述べる。なおかつこの作品では「妹と背」すなわち夫婦の愛情を描くのだから、これは近世風の後ろめたい「色恋」とは異なるのであると、わざわざ付け加えている。日本の小説に「恋愛」を描くためには、これだけの前置きをしなければならない時代であった。

夫婦の間に生まれた「純愛」を描く小説が目立ち始めるのは、「家」制度が確立する明治三十年前後からである。旧民法下において、近世までの武士層を中心に引き継がれてきた家父長制が制度化され、戸主（家父長）を中心に結束した家族が、「家」を超世代的に継承・発展すべきことが規定された。「家」の重要な単位となる夫婦が円満であることは、「家」の存続上望ましいことであり、近世までの一夫多妻制から一夫一妻制へ移行し、定着させようとする当時の社会の意向にも沿うものであった。

しかし個人の幸せよりも、共同体としての「家」の発展存続を優先しようとする価値観がその根本にある以上、常に「家」は夫婦の愛情を肯定してくれるとは限らない。むしろ「家」は、西欧からの個人主義が流入するなかで、天皇制を中心とした国民国家を維持するための、封建的価値観をささえる根底として期待されていた。

尾崎紅葉の『金色夜叉』と並び、明治のベストセラーとなった徳冨蘆花の小説『不如帰』（明治三十一年）は、相思相愛の夫婦が「家」の論理に引き裂かれる悲劇を描いた。主人公である片岡中将の娘・浪子とその夫で海軍少尉の川島武男は、当時の慣習による親同士が決めた結婚ではあるが、仲睦まじい若夫婦として描かれる。しかし幸せな二人を、浪子の結核発病という悲劇が襲う。

「浪さん、何故今日に限つて其様事を云ふのかい。必定《だいじやうぶ》癒る。（中略）是非癒るといふ精神がありさへすりア屹度癒る。癒らんというのは浪さんが僕を愛せんからだ。愛するなら屹度癒る筈だ。癒らずに此れを如何するかい」

武男は浪子の左手《ゆんで》を執りて、吾唇に当てつ。手には結婚の前、武男が贈りし金剛石《ダイヤモンド》入の指環燦然として輝けり。（中略）

浪子は涙に曇る目に微笑を帯びて「癒りますわ、屹度癒りますわ、——あゝあ、人間はなぜ死ぬのでせう！　生きたいわ！　千年も万年も生きたいわ！　死ぬなら二人で！　ねエ、二人で！」

「浪さんが亡くなれば、僕も生きちや居らん！」（中略）

武男は涙を揮りはらいつつ、浪子の黒髪をかい撫で「ああもう斯様な話は止うぢやないか。早く養生して、よくなつて、ねエ浪さん、二人で長生して、金婚式をしようぢやないか」

単行本「不如帰」徳冨蘆花著
明治37年10月　民友社　口絵
（高知市民図書館蔵
近森文庫　2297）

浪子は良人の手を犇《ひし》と両手に握りしめ、身を投げかけて、熱き涙をはら〳〵と武男が膝に落としつゝ「死んでも、わたしは良人《あなた》の妻ですわ！　だれが如何したつて、病気したつて、死んだつて、未来の未来の後までわたしは良人《あなた》の妻ですわ！」（『不如帰』(8)）

不治の病を共に力を合わせて乗り越えようとする二人の絆はロマンティックに描かれ、手を握り合ったり、指に接吻したり、髪をなでたりするような恋人らしいスキンシップも、二人が夫婦であるという前提のもとに違和感なく純愛の表現として描写される。しかし、武男の母親は「川島家」の行く末を案じて浪子と武男の仲を引き裂こうとする。

「よく云ふわ、それ、小の虫を殺しても大の虫は助けろぢや。なあ。浪は小の虫、卿《おまへ》――川島家は大の虫ぢや、の。それは先方も気の毒、浪も可愛想なよなものぢやが、病気すつがわるかぢやなツか。何と思はれたて、川島家が断絶するよかまだ宜ぢやなツか、喃。加之《それに》不義理の不人情の云ひなはるが、此様な例《こと》は世間に幾らもあいます。家風に合はんと離縁する、子供が無かと離縁する、悪い病気があつと離縁する。此れが世間の法、喃武どん。何の不義理な事も不人情な事もないもんぢや。全体此様な病気のした時やの、嫁の実家から引取つて宜筈ぢや。先方から云はんから此方で云ひ出すが、何の悪か事恥しか事があツもんか」

（『不如帰』）

現代の感覚から見れば理不尽な言い分としか言いようがないが、江戸時代の儒教的倫理として女性の守るべき徳目を説いた『女大学』でも、「七去」（婚家から嫁を離縁する理由）の一つとして「悪疾」が挙げられている。「家」の存続を絶対とする価値観のもとでは、浪子の発病は離縁の大義名分になりうる理由であった。しかし息子の武男は、母に反論する。

「阿母さんは世間々々と仰有るが、何も世間が悪い事をするから、自分も悪い事をして宜いと云ふ法はありません。病気すると離別するなんか昔の事です。若しまたそれが今の世間の法なら、今の世間は打壊して宜い、打壊さなけりやならんです。」

（『不如帰』）

相手を（特に女性を）個人として尊重し、世間体よりも精神的な絆を重んじようとする態度は、明治初期以来の「恋愛」の理想そのものであり、同時に打ち壊すべき「旧弊なもの」への批判として表現される。現実には、武男のように「家」の論理よりも妻への愛情を優先したいと、言葉に出して主張できる男性はまだ少数派であったかもしれない。だからこそ、この物語は多くの人の憧れにも似た共感を得たともいえる。

森鷗外は『心頭語』で、『不如帰』について「作者の筆を主人公成婚の後に起したるも、亦読者をして所謂高潔の感を作さしむることに於いて、与りて力あるにあらざることを得んや」と述べている。つまり、夫婦の恋愛だから許されるのであって、結婚前の男女の恋愛では、読者が美しい純愛のイメージを持てなかったということになる。しかも武男と浪子が互いに愛し合う夫婦となれたのは、偶然な幸福によるものであって、「世の夫妻をなすものゝ多数は、これに似たる運命を有せず」と鷗外は続ける。

精神性を求めた明治のプラトニックな「恋愛」は、未婚の間は（特に女性の側に）純潔を守らせるという儒教的な男女観とも親和性があった。とはいえ、「結婚」を前提として描かざるを得ない以上、「性」の問題を空白のままにはできない。「純愛」のタブーであった「性」も、「家」を存続させるための生殖という名目を得て、「夫婦の性」であるがゆえに特権化されていく。しかし一般的に「恋愛」における「性」は、必ずしも生殖だけを目的とする訳ではない。このジレンマを明治の恋愛小説はどのように取り上げるのか。森鷗外の妻・森しげの小説『波瀾』（明治四十二年）を取り上げてみよう。

夫婦の「恋愛」とは…

作品はしげ自身の体験を基にしており、夫鷗外の手直しもあったといわれる。大会社役員の大野（鷗外がモデル）と再婚した富子（しげがモデル）は、夫の赴任地である小倉へ同行し、結婚生活を始める。お嬢様育ちで美貌の彼女は、夫にも可愛がられており、富子自身も強く夫を慕っていた。しかしある朝寝室を掃除していた彼女は、夫が避妊をしていた形跡に気づき、絶望を感じる。

夫は慥に優しくしてくれる。可哀がつてくれる。併し夫のは可哀いから可哀がるのではなくて、義務で可哀がるのではあるまいか。共浮かれのうかうかと罪もなく喜ばせられてゐる時、ふと夫は自分をおもちやにする、一時の慰みにするといふ風に思はれることがある。（中略）それが今こそは夫の心持を確めることが出来たのである。これでは全く自分は死の宣告を受けたに等しい。併し此体を無駄なものにしてしまふのは厭だ。自然に背いた事をしているのは恐ろしい。

（『波瀾』(9)）

富子は、夫に手紙を書いて、戸惑いを打ち明ける。大野は妻を次のようになだめる。

「なる程妻があつて子供を欲しがらないと云ふと、冷酷だとも云へば云へるがね、実はお前の為を思つたのだ。お前の髪が抜けたり、萎びたりするのを、余り惜しい様に思つたのだ。切角綺麗なお前と夫婦になつたのだから、世帯じみさせないで、一年や二年は気楽に散歩でもしてゐたかつたのだ。」（中略）

富子は溜め息を衝いた。「それでも子供がなくつては、若しあなたに見棄てられてしまひました時、わたくしはひとりぼつちになつてしまいますわねえ。」「見棄てるも見棄てないもあるものか。己の方で厭になるか、お前の方で厭きるか、自分達にだつて分るものではない。お前が子供を沢山生んで醜い女にでもなつたら、それこそ己の方で厭になるかも知れないではないか。おほかたお前は鎹《かすがひ》の譬かなんぞを聞き覚えているのだらう。子が鎹になつて夫婦の縁が固まるといふのは、夫婦の恋愛といふ話とは矛盾してゐる。恋愛が無くなつて別れたいのに、鎹があつては困るわけだ。それは鎹ではなくて、西洋で囚人の足を繋ぐ、あの鎖だ。鎹の譬は義務から出てゐて、恋愛からは出てゐない（後略）」

（『波瀾』）

「家」の跡継ぎである子供を作る、ということが「夫婦の性」を特権化し、娯楽としての役割を担わされた「遊里の性」との差異化をはかる最大の要点でもあった。そして一夫一妻制の建前になったとはいえ、男性が「家」のための妻と「色恋」のための愛人を両立させることが、まだ暗黙のうちに容認されていた時代でもあった。

結婚したからには「母」という役割が与えられてこそ、自分のアイデンティティーを確立できると考える妻と、社会制度上の「結婚」であっても、より自由度の高い「恋愛」としての結びつきを求める夫。二人の思いはどこまでもかみ合わない。富子にとっては、分けられた二つの「性」のあり方が、自分の中で統合されようとしていること――「生殖」と関わりのない「性」が、「色恋」ではなく「恋愛」と結びつけられること――に、強い戸惑いがあったのである。

「結婚」のための「恋愛」か、「恋愛」のための「結婚」か。いずれにせよ「恋愛」の悩みは「結婚」してから始まる――。現代からみれば順番が逆であるようにも思われるが、明治の恋愛小説においては、何とも必然的ななりゆきであった。

「初恋」と純愛

その一方で、「結婚」を「恋愛」の延長に必ずしも置かず、十代の少年少女たちの、つかの間の青春として描く小説もあった。間もなく訪れる大人としての現実は、彼らの淡い慕情を阻害するものとして立ち現れ、それゆえにその恋心は「悲恋」となり、永遠に美化される「純愛」の思い出となっていく。現代でも、こうした青春の「恋愛」の描き方はなじみのあるものだろう。

樋口一葉の代表作『たけくらべ』（明治二十八〜二十九年）は、吉原界隈に生きる少年少女たちの青春群像劇であり、遊郭の人気花魁の妹・美登利と、寺の跡取り息子・信如の淡い恋心を主軸に進められていく。いずれ遊女と僧侶になる二人は、大人になれば同じ世界に住み得ない。彼らのまだ恋とも言えないほどの互いへの意識は、将来が保留された「子供時代」の間でなければ芽生え得ないのであり、それゆえにはかなく哀しい初恋の情緒を生み出している。

同じように抒情的な初恋を描いた名作として知られる伊藤左千夫の『野菊の墓』（明治三十九年）も、十五歳の少年・政夫と、十七歳の従姉・民子の悲恋と純愛をテーマにしている。ここでは「結婚」が、「恋愛」の結末ではなく、むしろ「恋愛」を阻害する現実的要素として描かれる。

政夫と民子は互いの慕情を胸の内で募らせ合うだけの関係なのだが、周囲から陰口まじりにあれこれと取沙汰される。政夫の母は二人の仲を危ぶみ、政夫を早くから中学（現在の高等学校に相当する）の寮に入らせて、民子から遠ざける。民子はやがて、政夫の母の意向で土地の素封家に嫁ぐが、まもなく流産が原因で死んでしまう。

民子が政夫からもらった手紙を肌身離さず持っていたのが発見され、政夫の母親はひどく後悔し、すぐに息子を呼び返して民子の弔問に向かわせる。民子の親族もまた、娘を望まぬ結婚に追いやったことを後悔し、そのことを政夫にひたすら詫びる。

「政夫さん、民子の事に就ては、私共一同誠に申訳がなくあなたに合せる顔はないのです。あなたに色々御無念な処もありませうけれど、どうぞ政夫さん、過ぎ去つた事と諦めて、御勘弁を願ひます。あなたにお詫びをするのが何より民子の供養になるのです。

僕は只もう胸一ぱいで何も言ふことが出来ない。お祖母さんは話を続ける。

「実はと申すと、あなたのお母さん始め、私又民子の両親とも、あなたと民子がそれほど深い間であつたとは知らなかつたもんですから、

僕は茲で一言いひだす。

「民さんと私と深い間とおつしやつても、民さんと私とはどうもしやしません。「いイえ、あなたと民子がどうしたと申すではないです。もとからあなたと民子は非常な仲好しでしたから、それが判らなかつたんです。（中略）政夫さん、どうぞ聞き分けて下さい。ねイ民子はあなたにはそむいては居ません。どうぞ不憫と思ふてやつて下さい……

（『野菊の墓』(10)）

民子の死、という事件のあと、二人を取り巻く人物たちは総じて二人に同情的になり、政夫と民子の初恋は、その後の民子と夫との関係よりもずっと優位に置かれ続ける。「民子はあなたにはそむいては居ません」と祖母は言うが、「姦通罪」というものが存在した当時の倫理観では、夫がありながら夫以外の男性への愛情を貫くことの方がむしろ批判の対象となったはずである。

しかし夫はこの弔問の場にも姿を見せず、まるで存在しないかのように扱われており、強いられた民子の「結婚」に愛がなかったことが強調される。そして愛してもいない「夫にそむく」ことよりも、精神的な堅い絆で結ばれていた「初恋の相手にそむいてはいない」ことが正しいこととされる。

また政夫自身も、民子の結婚を聞かされたとき、なぜか動揺することもなく民子の愛情を信じきっている。そして成長した政夫の回想としてつづられる物語を、彼はこう結ぶ。

民子は余儀なき結婚をして遂に世を去り、僕は余儀なき結婚をして長らへてゐる。民子は僕の写真と僕の手紙とを胸を離さずに持つて居やう。幽明遙けく隔つとも僕の心は一日も民子の上を去らぬ。

（『野菊の墓』）

現在の政夫は結婚をしているが、それもまた民子と同様に「余儀なき」ものであり、彼の愛情は妻でなく、依然として民子に注がれたままである。『野菊の墓』において、「結婚」は「家」や社会が要請する制度にすぎない。むしろそのような枠組みがないにもかかわらず、変わらずに維持される精神的な絆が、「純愛」として称揚される。

とはいえ、民子と政夫がめでたく初恋を成就させ、現実の結婚にたどり着いたとして、この美化された「純愛」をずっと保つことは果たしてできただろうか。二人の初恋は、むりやり断ち切られ、成就しないことによって、変わらない美しさを保っているとも言えるのである。

四　終わりに

「恋愛」は、「旧弊なもの」に対抗しうる新しさを帯びて、明治初期の若者たちに理想化されてきた。しかし明治時代後半に入ると、自然主義の影響を受けた現実志向の強い作品が書かれる中で、「恋愛」の美化に対する冷ややかな眼差しも注がれていく。「恋愛」を通して顔をのぞかせる人間の本性に目が向けられ、仮想敵としての「封建社会」を批判するためというより、「恋愛」はむしろ個人の問題として描かれる傾向が強くなる。

たとえば小栗風葉の小説『青春』（明治三十八～三十九年）は、「お互に何も結婚の為めに愛するのぢや無い、愛せんが為めに愛するので、恋愛其自身が永遠の希望」という情熱に燃えて、恋に落ちる大学生と女学生のカップルが、現実的な問題の前に挫折していく姿を描いた。学業の不振や、将来の不安、そして想定外の妊娠、堕胎という問題が赤裸々につづられ、またそうした困難に直面したときの逃避や責任転嫁によって人間関係が破壊されていく、「恋愛」の暗黒面が表現されている。

だがそれでも、「純愛」や「恋愛」を理想化する傾向が消えたわけではない。むしろ、こうした「恋愛」の挫折を描く作品には、明治三十年代後半から「女学生」に向けられた性的な「堕落」という偏見の影響も見られ、プラトニックではない未婚の男女関係を放埓なものとして批判し、より「純潔」で「健全」な男女交際を推進しようとする社会的な志向もあったことは否定できない。

「恋愛」の挫折や、現実の厳しさが描かれるときにも、そこには本来あるべきと思われた「理想の恋愛」が前提とされている。「恋愛」を至上のものとするイデオロギーは、明治以降も引き継がれ、それを受け入れる社会や個人の状況と様々な軋轢を生み出し続ける。

現代の恋愛小説でも、主人公たちは自分がいま渦中にある「恋愛」と、どこかにあるべき「理想の恋愛」とのギャップに悩み、煩悶し、ストーリーを切り開いていく。その「理想の恋愛」の萌芽は、明治の「恋愛」小説からずっと引き継がれてきたものかもしれない。

注

※小説作品の本文引用については、原則として旧字を新字に改め、ルビは適宜省略した。

（1）引用は『定本花袋全集』（復刻版）第一巻（臨川書店、一九九三年）

（2）小谷野敦『〈男の恋〉の文学史』（朝日新聞社、一九九七年）七〇—七一頁

（3）柳父章『翻訳語成立事情』（岩波書店、一九八二年）九一頁
（4）引用は『明治文学全集』第一六巻「坪内逍遥集」（筑摩書房、一九六九年）。以下、『当世書生気質』の引用は同様。
（5）引用は『二葉亭四迷全集』第一巻（筑摩書房、一九八四年）
（6）引用は『鷗外全集』第二巻（岩波書店、一九七一年）。以下、『うたかたの記』の引用は同様。
（7）引用は『明治文学全集』第一六巻「坪内逍遥集」（筑摩書房、一九六九年）
（8）引用は『蘆花全集』第五巻（新潮社、一九三〇年）。以下、『不如帰』の引用は同様。
（9）引用は『現代日本文学大系』第五巻「樋口一葉・明治女流文学・泉鏡花集」（筑摩書房、一九七二年）。以下、『波瀾』の引用は同様。
（10）引用は『左千夫全集』第二巻（岩波書店、一九七六年）。以下、『野菊の墓』の引用は同様。

主要参考文献

安藤宏『近代小説の表現機構』（岩波書店、二〇一二年）
安藤宏『日本近代小説史』（中央公論新社、二〇一五年）
小森陽一『文体としての物語』（増補版、青弓社、二〇一二年）
小谷野敦『〈男の恋〉の文学史』（朝日新聞社、一九九七年）
小谷野敦『日本恋愛思想史』（中央公論新社、二〇一二年）

佐伯順子『「色」と「愛」の比較文化史』（岩波書店、一九九八年）
佐伯順子『恋愛の起源　明治の愛を読み解く』（日本経済新聞社、二〇〇〇年）
野口武彦『近代日本の恋愛小説』（大阪書籍、一九八七年）
平石典子『煩悶青年と女学生の文学誌　「西洋」を読み替えて』（新曜社、二〇一二年）
柳父章『翻訳語成立事情』（岩波書店、一九八二年）
柳父章『一語の辞典　愛』（三省堂、二〇〇一年）

《音楽》

第四章　明治のうたごえ

――近代化構想と唱歌教育――

森田都紀

はじめに

「唱歌（学校唱歌）」と聞くと、何を思い浮かべるだろう。「蛍の光」や「あおげば尊し」などだろうか。あるいは、懐かしさや日本らしさといったことかもしれない。だが、明治時代の音楽政策との関わりを考えたことはあるだろうか。唱歌は、近代的な学校教育が整えられるなかで国の政策により生み出されたもので、「むかし」からずっと日本で歌い継がれてきた歌曲ではない。明治時代になって、欧米諸国に並ぶ近代国家の樹立を迫られた新政府が意図的に創りだした〝明治のうたごえ〟なのである。では、その意図とは何だったか。ここでは、明治新政府の近代化構想と音楽政策の関係から唱歌の誕生とその役割を考える。

一　明治初頭における「唱歌」誕生とその目的

唱歌と「国楽」創成論

明治新政府の最重要課題は言うまでもなく、近代化にあった。近代的な国民国家を形成するために必要だったのは、国民が共有できる共通意識である。今でこそ私たちは「日本」や「日本人」という括りを違和感なく用いているが、「日本」という国家の概念や「日本人」なるもののアイデンティティは、幕藩体制下の江戸時代には確固としては存在しなかったものだ。それゆえ、欧米諸国に伍する国家を作るには共同体としての「日本」を新たに創りだす必要があった。(1) その手段として欠かせないのが「音楽」であることを指摘した最初の人物は、神田孝平（一八三〇～一八九八）である。(2) 神田は明治七年（一八七四）の『明六雑誌』に掲載された「国楽ヲ振興スヘキノ説」(3) にて、国民誰もが共有できる音楽が必要であることを初めて指摘した。神田は国民が共有できる音楽、すなわち「国楽」を興すべきであると説き、音楽によって国民意識をコントロールする必要性を述べたのである。近代国民国家の形成に向けて「国楽」の創成を説く神田の論は、このあとの政策の重要課題となっていく。

ところで、当時日本では明治五年（一八七二）に「学制」が頒布されたのを受け、統一的な教育制度が整えられつつあった。江戸時代までの寺子屋における「読み書き算盤」型の教育内容が一新され、欧米諸国にならった内容が検討されていた。尋常小学校の下等教育の教科目には、綴字・習字・単語・会話・読本・修身・書牘・文法・算術・養生法・地学大意・窮理学大意・体術に並んで、唱歌も必須教科とされていた。唱歌とは、現在の音楽にあたる教科目のことである。唱歌という教科目は昭和十六年（一九四一）に音楽科と改められるまで使われ、唱歌の教科目で歌われる歌曲のことも唱歌と呼ばれた。神田が「国楽」の創成を説いた頃、教育制度にはすでに唱歌という音楽の教科目が存在していたことになる。

しかし、唱歌を巡っては難問が山積みであった。「学制」には記されていたものの、実は「当分ノ間之ヲ欠ク」という但書きが付されていて、唱歌は面目上の教科に留まっていたのである。その背景には、公教育において国民に唱歌の教科目を教える必然性は何か、教えるべき音楽の種類が何かということが十分に議論されていなかったことがある。唱歌の意味するものについて共通の理解がなかったばかりか、現在の音楽教育では必須とされている教材や教員、楽器なども当然、揃っていなかった。唱歌という教科目は実態としては存在していなかったに等しく、神田が「国楽」に言及した明治初頭、一刻も早く唱歌教育を確立することが問われていた。どのような種類の音楽を教えるのか唱歌の内容を定め、教材を編纂し、教員を育成する必要があったのである。このような状況下で、明治初頭に「国楽」の創成と唱歌の教科目の確立という二つの事柄が結びつき、数々の政策が打ち出されていくことになる。

伊澤修二の渡米

当時の文部省は、唱歌教育の確立に向けアメリカの音楽教育を参考にすることにした。そこで明治八年（一八七五）、文部省は伊澤修二（一八五一～一九一七）をアメリカへ派遣する。(4) 伊澤は高遠藩士の長男として生まれ、大学南校（現東京大学）を卒業して文部省に入り、官立の愛知師範学校長に就任するなどしていた人物である。伊澤はアメリカの師範教育を取り調べるために、マサチューセッツのボストン郊外にあるブリッジウォートル師範学校に入学した。入学当初の伊澤は、普通の学科や語学は何とかついて行けたが、唱歌だけはお手上げだったようだ。その様子は校長の耳にも入り、唱歌ができないのは文化が異なるから仕方ないと同情され、伊澤は校長から唱歌の免除も提案されている。しかし、免除を受けては日本政府に面目ないと感じ、伊澤はボストン在住のルーサー・ホワイティング・メーソン Luther Whiting Mason, 1818-96 と知遇を得て、唱歌の個人指導をしてもらうことになった。メーソンはボストンの音楽アカデミーで学んだ音楽教育家で、初等学校の音楽教育を歴任し、ボストンにて音楽監督兼教師をしていた人物である。メーソンについて伊澤は、「非常に音楽教育に熱心してをった。勿論氏は音楽教育家であって音楽演奏家では無かった。ゆえに音楽教育に経験あり、且つ熟練なるに於ては世界に稀なる良教育家であって…（略）」と述べている。[5] 毎週メーソン邸で個人指導を受けた伊澤は卒業までには唱歌を習得できるようになった。

しかし、苦労したこの経験は伊澤に唱歌教育の教授法を確立する必要性を痛感させる。そして、伊澤はメーソンのいるボストンの公立学校をモデルにして日本に音楽研究施設を設置したいと思うに至るのである。[6]

伊澤修二
（『東京芸術大学百年史　東京音楽学校篇　第一巻』）

ちなみに、メーソンという人物は、バイエルの『ピアノ奏法入門書』という教則本を日本にもたらしたことでも知られる。(7) メーソンは後に来日し、伊澤とともに唱歌の教員養成や教材開発にあたることになるのだが、その折にピアノやバイオリン、ビオラ、クラリネットなどの楽器や、楽譜等を大量に持ち込んだ。これらはメーソン個人の寄贈によるものや来日にあたり注文したもので、そのなかに英語版の『ピアノ奏法入門書』も二十冊含まれていた。日本の伝習生は、メーソンの指導のもとで『ピアノ奏法入門書』を使って、ピアノの手ほどきをうけることになる。現在も日本ではバイエルを用いたピアノ教育が行われているが、その始まりはこの時まで遡る。

唱歌教育の意図

明治十一年(一八七八)四月八日付で伊澤は、当時留学生監督として渡米していた法律学者の目賀田種太郎(一八四八〜一九二六)との連名で、田中不二麿文部大輔宛に「学校唱歌ニ用フベキ音楽取調ノ事業ニ着手スベキ、在米國目賀田種太郎、伊澤修二ノ見込書」を提出した。ここで伊澤と目賀田は、唱歌教育の実施に向けて唱歌教育の目的と効能を述べている。

現時欧米ノ教育者皆音楽ヲ以テ教育ノ一課トス、夫レ音楽ハ学童ノ神気ヲ爽快ニシテ其勤学ノ労ヲ消シ、肺臓ヲ強クシテ其健全ヲ助ケ、音声ヲ清クシ、発音ヲ正シ、聴力ヲ疾クシ、考思ヲ密ニシ又能ク心情ヲ楽マシメ其善性ヲ感発セシム是レ其学室ニ於ケル直接ノ効力ナリ、然シテ社会ニ善良ナル娯楽ヲ与へ、自然ニ善ニ遷シ罪ニ遠カラシメ、社会ヲシテ礼文ノ域ニ進マシメ、国民揚々トシテ王徳ヲ頌シ太平ヲ楽ムモノハ其社会ニ対スル間接ノ効力ナリ（略）

唱歌教育の直接的な効能として、学業で疲れた精神を回復させ、肺を強くして健康にすることや、発音を正しく聴覚を鋭敏にして、思考を緻密にすること、心を楽しませ善性を感発することなどを挙げて、唱歌教育が国民の心身を鍛え、近代的な身体づくりに繋がることを指摘している。そして音楽は社会にとって善い娯楽となり、社会も穏やかになるなど、唱歌教育の間接的な効能も示している。

同年四月二十日付で、今度は目賀田一人の名前で文部大輔の田中不二麿に「我公学ニ唱歌ノ課ヲ興スベキ仕方ニ付私ノ見込」が提出される。(8)

（略）前条ノ如ク唱歌ノ課ヲ両師範学校ニ設ケ然シテ終ニ我カ国楽ヲ得ベシ国楽トハ我国古今固有ノ詞歌曲調ノ善良ナルモノヲ尚研究シ、其ノ足ラザルハ西洋ニ取リ、終ニ貴賤ニ関ハラズ又雅俗ノ別ナク誰ニテモ何レノ節ニテモ日本ノ国民トシテ歌フベキ国歌奏ヅベキ国調ヲ興スヲ言フ、是レ国楽ノ名アル故ナリ〈現今ノ景況ニテ確ト我ニ国楽ナシ如何トナレハ公報ニモ言フ如ク我ガ雅楽ハ甚タ高ク又普通ノ俗楽ハ甚タ卑シサレハ西洋ノ歌曲ヲ其侭用ヰル事ハ容易ナリト雖モコハ我国楽ニハアラズ、故ニ我国雅俗ノ音楽歌曲并ニ西洋ノ音楽曲調ノ中其ノ最モ善良ナルモノヲ混和シ以テ国楽ヲ起スヘキナリ本条国楽トハ此ノ意モテ言ヘルナリ〉（略）

ここで目賀田は、唱歌教育の実施は「国楽」創成のためであると謳っている。「国楽」を創成するのが最終的な目標であるとしたうえで、まずは小学校教員を養成する師範学校に唱歌の課を設置すること、さらに「国楽」それ自体は、国内の雅俗の音楽と西洋の音楽のなかから善良なものを選んで、それらを混和させて作るべきだとしている。国民国家形成のための「国楽」創成と、公教育における唱歌教育とを結びつけた指摘であり、唱歌教育が急務であることを強調している。また、「国楽」として想定しているのが、国内の雅俗折衷と、国外の和洋折衷のうえに成立する音楽であると説いているのも興味深い。

こうして唱歌教育の効用を訴えた伊澤と目賀田は、唱歌教育を確立するためにまずは教育を担う教員を育てることが肝要であると考え、音楽伝習所の設立が急がれることを訴えていく。しかし、当時の政府は西南戦争の影響を受け、財政難に直面していた。そのため音楽伝習所の設置の前に、他国の唱歌教育の実態や他国の音楽理論を取り調べ、唱歌教育で扱う音楽を研究するように求める。こうして明治十二年（一八七九）十月、政府は音楽の調査を目的に、伝習所より小規模の音楽取調掛（後の東京音楽学校、現東京芸術大学音楽学部[9]）を設置するに至る。

音楽取調掛の設置

音楽取調掛は、文部省所属の音楽専門教育機関として設立された。ボストンから帰国した伊澤は、自ら音楽取調掛の御用掛に就任する（師範学校との兼任）。そして明治十三年（一八八〇）、メーソンを日本政府雇外国人教師として二ヶ年の契約で招聘する。メーソンは音楽取調掛にて勤務することになった。当時、メーソンのようないわゆるお雇い外国人は珍しい存在ではなかった。他分野には、ウィリアム・スミス・クラーク William Smith Clark, 1826-1886（農学）、エドワード・シルヴェスター・モース Edward Sylvester Morse, 1838-1925（考古学・生物学）、エルヴィン・フォン・ベルツ Erwin von Bälz, 1849-1913（医学）、アーネスト・フランシスコ・フェノロサ Ernest Francisco Fenollosa, 1853-1908（美術）、バジル・ホール・チェンバレン Basil Hall Chamberlain, 1850-1935（日本文学）らがいて、政治経済・産業・教育・芸術などの多分野において西欧の先進技術や知識を教授するために雇用された。メーソンも、音楽取調掛にて唱歌教育を担当する教員の育成や教材開発に取り組んでいくことになる。

当時の伊澤は、唱歌教育で子供に歌わせる教材にどのような音楽を選ぶべきか苦悶していたようだ。江戸時代までの日本には、雅楽、琵琶楽、能楽、歌舞伎、人形浄瑠璃、箏曲、尺八楽、常磐津、長唄など様々な伝統音楽が存在していたが、階層によって享受するジャンルが異なっ

音楽取調掛助教と伝習生
（『東京芸術大学百年史　東京音楽学校篇　第一巻』）
前列左から、芝葛鎮（助教・伶人）、メーソン、中村専（伝習生）、辻則承（伝習生・伶人）、後列左から、東儀彭質（伝習生・伶人）、上真行（伝習生・伶人）、奥好義（伝習生・伶人）

たうえ、同一ジャンルにも流派による違いや地域性があり、日本の音楽文化は多様であった。だからこそ、誰もが一律に国民意識を感じるような音楽を一つ選ぶのは非常に困難であったのだ。むろん、それを承知のうえで従来の伝統音楽から選んでそのまま音楽教育の現場に持ち込むこともできただろう。しかし、伊澤はアメリカのように子供向けの歌を用いた教育を行いたいと考えていた。

音楽取調掛の任務について程なく、伊澤は明治十二年（一八七九）十月三十日付で寺島宗則文部卿に「音樂取調ニ付見込書」を提出した。ここで、音楽取調掛の目的や今後行うべき仕事内容について述べている。それによると、音楽取調掛の目指すところは、東西二洋の音楽を折衷して今日の日本に適する「国楽」を制定することにあり、そのために、①東西二洋の音楽を折衷して新曲をつくる事、②将来「国楽」を興すべき人物を養成する事、③諸学校に音楽を実施する事の、三項目を挙げている。[10] ①については、東西二洋の音楽を折衷した新曲を作るために、両方の音楽に精通している人物を音楽取調掛に採用することを求め、②に関しては、将来「国楽」を興すべき、音楽の新しい担い手や作り手の育成を説いた。そして音楽取調掛の伝習生には、普通の読書に差し支えない程度の学識を持ち（英語を解せれば尚よいとしている）、年齢は十六歳以上二十五歳以下で、雅楽または俗曲を習得している男女二十名を募集するという見通しを示している。また、③については、東西二洋の音楽を折衷して新曲を作った際に、東京師範学校（後の東京教育大学、現筑波大学）附属小学校や東京女子師範学校（現お茶の水女子大学）附属幼稚園にて試験的に実施していくとしている。

このように伊澤は、国民国家形成のため、国民思想の統一と国民意識の高揚を図る「国楽」の創成が最終的な目的であること強調した上で、まずは「国楽」を興すべき人材を育成し、東西二洋の音楽を折衷した唱歌教材を作成して小学校の唱歌教育の確立を促すという、段階的な政策を提示したのだった。伊澤は「国楽」に「ナショナル・ミュージック」と振り仮名を振っていて、新しい時代に相応しい音楽の登場を切に願っていたことが窺える。そして当時としては、江戸時代までの日本の伝統音楽との折衷に「国楽」の方向性を見出していた。(11) 西洋音楽の受容ということに対して、私たちは日本が西欧文化の模倣を目指していたというイメージを抱いているかもしれないが、音楽取調掛の方針を見ると、当時は完全な「西洋化」を目指していたわけではなかったのである。

音楽取調掛の調査研究

音楽取調掛では、伝習生の教育が行われた。伝習生には「唱歌」「洋琴」（ピアノ）「箏」「風琴」（オルガン）「胡弓」「専門楽器」などの実技科目や、「和声学」「音楽論」（楽典・音楽理論）「音楽史」「音楽教授法」などの理論科目が教えられた。[12]こうした教育のほか、日本の伝統音楽の調査、海外音楽の調査、音楽用語の翻訳、俗曲（箏曲と長唄）の改良事業なども並行して進められていった。

調査研究はもっぱら日本の伝統音楽と西洋音楽とを比較する形でなされた。明治十七年（一八八四）には、研究成果を『音楽取調成績申報書』[13]にまとめている。そこでは、例えば「長短二音階の関係」という節にて音楽と教育効果の関係に言及している。ここで注目されているのは、古代ギリシャのプラトンによる旋法論である。プラトンはその著書『国家』のなかで、国家の指導者が理想的な国家をつくるには音楽の知識が必要で、適切な時に適切な音楽を使うことで人心を支配でき、勇敢で節度ある人格をもった若者を育てられるとしている。そして、国家の指導者は旋法を分類して旋法と人の魂の性格との対応関係を知り、人の魂を善い方向へ導く旋法だけを用いるべきだと述べている。音楽取調掛は、国民が健全な身体と精神を共有する手段として音楽が必要であるというプラトンの理論に基づき、西洋音楽の長音階（長調）の曲は「勇壮活発」で、短音階（短調）の曲は「柔弱幽鬱」であると報告している。そして、幼い時から長音階で教育された者は勇壮活発の精神を発育して有徳健全な心身が育まれるが、逆に短音階で教育された者は柔弱幽鬱で無力で病気がちになるとしている。興味深いことには、欧米でも先進的な国ほど長音階の曲の割合が高く、後進的な国では短音階の曲が多いという見解も示している。(14)

また、「諸種ノ楽曲取調ノ事」「内外音律ノ異同研究ノ事」「本邦音階ノ事」「希臘音律ノ事」「音楽沿革大綱」などの節では、日本の伝統音楽と西洋音楽が類似していることが強調されている。両者の源流は同じインドであるとし、インドからエジプトやギリシャを経由したのが西洋音楽で、中国を経由したのが日本の伝統音楽であるとしている。そして音律、音階、理論、奏楽の実際などについても比較分析を行って、「我音律ト西洋ノ音律トハ毫モ異ナル所ナシト論決シテ可ナリ」「我音楽ハ啻ニ理論ニ於テ欧州ノ古楽ト其趣ヲ同クスルノミナラズ実際ノ奏曲ニ至リテモ亦大ニ異ナルトコロナキヲ証スルニ足ルモノナリ」「彼此ノ音楽其源ヲ印度ニ発スル所以ハ古来欧州ニ行ハレシ音楽ト我邦ニ行ハル丶音階ト相符合スルアル一事ヲ以テモ既ニ之ヲ徴スルニ足レリ況ンヤ其統緒歴然観ルベキモノアルヲヤ」などと考察し、日本の伝統音楽が西洋音楽と大きく違わないという結論を導き出している。日本の伝統音楽と西洋音楽の構造はまったく異なっていると考える今の私たちから見れば、これらはかなり強引な見解に感じられよう。『音楽取調成績申報書』にて示された調査結果は、東西二洋の音楽を折衷して「国楽」

を創成するという大目標に向けたものであり、和洋折衷に対する音楽取調掛の基礎的な立場となった。

二　明治十年代から二十年代における唱歌教材の編纂

『小学唱歌集』の編纂

音楽取調掛は音楽の調査研究と並行して教材の作成にも取り掛かっていた。明治十四年（一八八一）には苦心の末、最初の教材である『小学唱歌集』が編纂されることになるが、この唱歌集には編纂にあたって明確な教育方針があった。それは、編纂とほぼ同時期の明治十二年（一八七九）に明治天皇の名前で発布された「教学聖旨」に基づくものであった。

教学聖旨大旨

教学ノ要仁義忠孝ヲ明カニシテ智識才藝ヲ究メ以テ人道ヲ盡スハ我祖訓國典ノ大旨上下一般ノ教トスル所ナリ然ルニ輓近専ラ智識才藝ノミヲ尚トヒ文明開化ノ末ニ馳セ品行ヲ破り風俗ヲ傷フ者少ナカラス然ル所以ノ者ハ維新ノ始首トシテ陋習ヲ破リ知識ヲ世界ニ廣ムル

ノ卓見ヲ以テ一時西洋ノ所長ヲ取リ日新ノ效ヲ奏スト雖トモ其流弊仁義忠孝ヲ後ニシ徒ニ洋風是競フニ於テハ將來ノ恐ルル所終ニ君臣父子ノ大義ヲ知ラサルニ至ランモ測ル可カラス是我邦教学ノ本意ニ非サル也故ニ自今以往祖宗ノ訓典ニ基ヅキ専ラ仁義忠孝ヲ明カニシ道徳ノ学ハ孔子ヲ主トシテ人々誠實品行ヲ尚トヒ然ル上各科ノ学ハ其才器ニ隨テ益々畏長シ道徳才藝本末全備シテ大中至正ノ敎学天下ニ布満セシメハ我邦獨立ノ精紳ニ於テ宇内ニ恥ルコト無カル可シ

ここでは「学制」頒布以来の教育方針が知育に偏っていることが批判され、仁義忠孝を中核とした道徳教育を重視すべきだという方針の転換が示されている。儒教に基づく徳育を強化し、知育と徳育のバランスを保った教育を行うべきであるという主張は、そのまま『小学唱歌集』の編纂方針となった。

『小学唱歌集』の編纂は、佐藤誠實（一八三九〜一九〇八）、稲垣千穎（一八四五〜一九一三）、里見義（一八二四〜一八八六）、加部厳夫（一八四九〜一九二二）ら歌詞選定委員と、メーソンや伊澤らの選曲委員とに分かれて行われた。選曲は多くがアメリカやスコットランド、アイルランドの民謡であった。これらの民謡は日本の伝統音楽と同様に五音で構成されるので日本人に受け入れられやすいと考えてのことであり、伊澤は「凡べて日本の民情に遠ざかった曲をば一つも採らなかったのである」としている[15]。大半の唱歌が、日本人の感性に合うと思われる外国歌曲の旋律に新たに歌詞を当てはめる方法で作られていった。日本語の歌詞は原曲の翻訳ではなく、曲調に相応しい歌詞が「替え歌」方式で作られた[16]。歌詞は七五調を基調とし、内容も花鳥風月で道徳的なものであった。そして、唱歌が出来上がると一曲ずつ東京師範学校附属小学校の児童や音楽取調掛の伝習生に歌わせて、修正を繰り返して完成させるという徹底ぶりであった[17]。

明治十四年（一八八一）、ついに最初の教材である『小学唱歌集』初編が編纂される。二年後の明治十六年（一八八三）には第二編、同十七年（一八八四）には第三編も刊行された[18]。五線譜で書かれた唱歌集の登場である。収録された唱歌には百五十年以上経つ今もなお私たちに親しまれているものもある。例えば、「ちょうちょう、ちょうちょ

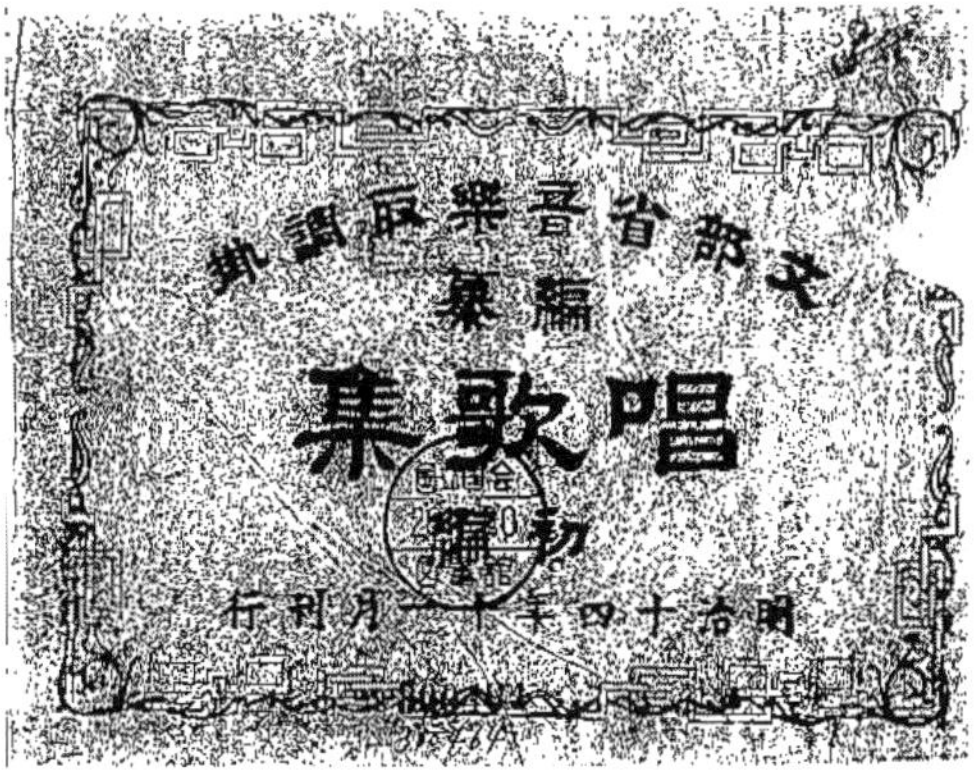

『小学唱歌集（初編）』の表紙
（国立国会図書館近代デジタルライブラリー）

う。菜の葉にとまれ。」という歌詞の「蝶々」や、施設の閉館時に流れる「蛍の光」（発表時は「蛍」）、卒業式で歌われる「あおげば尊し」などである。これらの原曲は外国歌曲であり、「蝶々」がスペイン民謡、「蛍の光」がスコットランド民謡の《Auld Lang Syne》（「久しき昔」）、そして「あおげば尊し」がH・N・D作曲の《SONG FOR THE CLOSE OF SCHOOL》（「卒業の歌」）である。(19)

歌詞については、多くが原曲から内容を変えていた。例えば「誠は人の道」という唱歌は、原曲がW・A・モーツァルトの歌劇《魔笛》のパパゲーノのアリア「恋人か女房があれば」で、とうてい道徳的とは言い難い曲であったのを、「まことは人の道ぞかし、つゆなそむきそ、そのみちに」「こころは神のたまものぞ、つゆなけがしそ、そのたまを」という全く異なる歌詞を付けて徳育教育に相応しい内容へ仕立てている。

国民国家形成を目指すなか、音楽取調掛における唱歌教材の作成はもっとも急を要する仕事として遂行されたが、しかし出来上がった『小学唱歌集』を見ると、和洋折衷の理念とかけ離れていただけでなく日本人の作曲による唱歌の実現にもほど遠いものがあった。のちに伊澤は自らの還暦を記念して『楽石自伝教界周遊前記』を出版しているが、『小学唱歌集』の編纂過程について次のように回想している。

（略）今度はこれに日本国語の唱歌を附することとしたが、これは非常な大問題であって、単に歌を作るといふことさへ容易では無いのに、取調掛の要求では、尚又曲意に合した歌を作るといふのみならず、句数字数が合はなければ、折角作歌者がいかなる名歌を作っても何の役にも立たぬ。その最得意とする好所をも改作しなければならぬのである。（略）

外国歌曲を収集しそこから相応しい曲を選ぶだけでも大変であるのに、さらにそこに適当な歌詞を当てはめるということは難問であった。さらに伊澤は、同書にて、

（略）即ちムヤミに西洋の曲を蒐めたなどゝいふのでは無く、先づメーソン氏が原案たる曲を出し、我々が種々に論評審議して取捨選択したのであって、出来場所は縦令西洋であるとも、或は大体上の曲意は西洋の其楽曲に拠ったとはいへ、此くの如くなれば、必ず我国の民情に適合すると、見込みの附いたものに限って、採用したのであるから、日本の曲であるといっても恥しくない曲のみである。又歌もその通りで一度提出せられた者に就いて数十遍《ママ》も改作した上に決定した。（略）

と語り、この段階の音楽取調掛には「国楽」を興す力がなかったことを認めている。さらに「和魂洋才」であるのは仕方がなかったとし、「草創ニ属スルヲ以テ或イハ未タ完成ナラサル者アラン」[20]ともしている。しかし、和洋折衷による作曲をまったく試みていなかったわけではない。『小学唱歌集』の第三編には、俗曲「黒髪」や箏組歌を原曲とする唱歌や、雅楽の旋法を用いた唱歌もある。[21]『小学唱歌集』は大変な苦労を重ね、試行錯誤の末に完成したのであった。

実際、外国曲の旋律に日本語の歌詞を付け替える「替え歌」方式では、歌詞と音楽の関係に齟齬も生じていた。例えば、先に挙げた「蛍の光」は原曲がスコットランド民謡であるが、日本語の歌詞を新しく当てはめたため、原曲の旋律の動きと日本語の歌詞のストレスとが合わなくなってしまっ

「蛍の光」（発表時「蛍」）の楽譜（『小学唱歌集（初編）』国立国会図書館近代デジタルライブラリー）

た。[22] そもそも「蛍の光」は四拍子でありながらも、アウフタクト（弱起）という西洋音楽特有の特殊なリズムであるため、旋律の第四拍目（弱拍）から曲が開始している。そのため、日本語の音節の第二文字目が小節の第一拍目（強拍）となり、「ほたるの、ひかり、まどのゆき」というように第二文字目が音楽的に強拍で歌われてしまう。しかし本来の日本語の発音では、「ほたるの、ひかり、まどのゆき」というように音節の第一文字目にストレスがある。結果として、原曲の旋律の動きと日本語のストレスがずれ、歌詞が聞きとりにくくなってしまったのだ。

既存の外国曲を流用して日本語の歌詞を新しく当てはめた唱歌では、歌詞と音楽が調和していなかったため、子供たちが真に歌いやすかったかどうか疑問である。しかし、『小学唱歌集』が編纂されたのは近代の幕開けからわずか十四年のことであり、明治憲法（明治二十二年）の制定や国会開設（明治二十三年）など近代国家としての体制が確立するよりも前のことであった。それを考えると、唱歌教育の成立がいかに急がれていたのかが窺い知れよう。

文部省による歌詞の修正

ところで、『小学唱歌集』の編纂は音楽取調掛が歌詞を作成し、文部省が修正意見を提示、再び音楽取調掛が歌詞を推敲するという流れのなかで行われた。「蛍の光」もまた、文部省からの要請によって歌詞が修正されて完成した唱歌である。(23) 数度に及ぶ歌詞の修正は何を意図していたのか。

よく知られているように、現在の「蛍の光」の一番と二番の歌詞は左の通りである。

一　蛍の光、窓の雪、
ふみよむ月日、かさねつゝ、
いつしか年も、すぎのとを、
あけてぞ今朝は、わかれゆく

二　とまるもゆくも、かぎりとて、
かたみにおもう、ちよろづの、
こゝろのはしを、ひとことに、
さきくとばかり、うたふなり

同じ学び舎で勉学に励んだ仲間と別れる日がやってきたが、互いにかわした絆を大切に相手の無事を祈り歌うという内容が美しく歌われている。一番の歌詞の「蛍の光、窓の雪」が原案では「蛍のあかり、雪のまど」であったなど、数箇所の修正を経て現在の歌詞に落ち着いた。内容的に最も大きな修正がなされたのは、続く三番と四番である。あまり知られていないが、三番と四番の歌詞は左のようなものである。

三　つくしのきわみ、みちのおく、
うみやまとおく、へだつとも、
そのまごゝろは、へだてなく、
ひとつにつくせ、くにのため

四　千島のおくも、おきなわも、
やしまのうちの、まもりなり、
いたらんくにに、いさおしく、
つとめよわがせ、つゝがなく

卒業後は、遠く離れていても心を一つにして、互いに国の発展のために尽くすべきであり、北は北海道から南は沖縄まで日本の国土を守り、勇気を持って務めを果たして欲しいという内容である。二番目までと内容が一変し、卒業後は愛国者として国を守るべきことが強調され、国民が皇民化教育に基づくことを歌っている。現在では二番までしか歌われないのがふつうである。

三番の「うみやまとおく、へだつとも、そのまごゝろは、へだてなく」は、原案では「わかるるみちは、かわるとも、かわらぬこころ、ゆきかよい」とされていた。しかし、これでは男女の交際で用いる歌詞になり、徳育教育には適切でないという文部省の意見により現在のように修正された。また、四番についても「やしまのうちの、まもりなり」に定まるまでに、「やしまのそとの、まもりなり」「やしまのほかの、まもりなり」「国のとのえの、まもりなり」「わが大君の、まもりなり」などと書き換えられた。これには政治的な思惑が背景にあった。千島樺太交換条約によって北千島が日本の領土になったのが明治八年（一八七五）、そして琉球処分により琉球藩が日本に強引に組み込まれたのが明治十二年（一八七九）のことであるから、『小学唱歌集』編纂時期は日本の国土に対する認識が変わる時期と重なる。この修正が、国家というものをどう捉えるのか、「日本国」という意識を巡ったものであったことが分かるのである。

このように、『小学唱歌集』の歌詞については「教学聖旨」に則り、徳性の涵養に相応しい内容であるか否かが眼目となっていた。『小学唱歌集』の巻末には「五常の歌」「五倫の歌」という儒教的な思想に基づく唱歌も付されているが、これらは『小学唱歌集』編纂の過程で徳育を重視する文部省の方針により追加されたものだった。(24)

教育改革と唱歌教育の普及

明治二十年代に入ると、明治二十年（一八八七）の「保安条例」公布、明治二十二年（一八八九）の「明治憲法」制定、翌二十三年（一八九〇）の国会開設、明治二十七年（一八九四）の不平等条約の改正と進み、日本は近代化に向けての階段を一気に駆け上がっていった。国家主義思想が強まり、教育面では教科書検定制度が導入され、政府の教育に対する干渉が深まっていく。

明治十九年（一八八六）、「小学校令」が公布され、修業年限や義務教育などが新たに定められ、小学校教育の内容に関して大改革が行われた。教科書については、「第十三条　小学校ノ教科書ハ文部大臣ノ検定シタルモノニ限ル」という法規で検定制度が確立される。明治二十三年（一八九〇）に「小学校令」は改訂されるものの、教科書検定については「小学校ノ教科用図書ハ文部大臣ニ於テ編纂シタルモノ及文部大臣ノ検定シタルモノニ就キ小学校図書審査委員会ノ審査ヲ経テ府県知事之ヲ採定ス」とされ、教科書の中身に文部省の指導が加えられることになった。最初の教材の『小学唱歌集』が発行されたあと、『明治唱歌』（明治二十一〜二十三年）、『中等唱歌集』（明治二十〜二十二年）、『小学唱歌』（明治二十五〜二十六年）などの民間の教材が相次いで発行されたが、これらの教科書は文部省の検定を通らなければならなかった。

明治二十三年（一八九〇）には「教育ニ関スル勅語」、翌二十四年（一八九一）には「小学校教則大綱」が発布され、徳目主義が推進されていった。そして同年、「小学校祝日大祭日儀式規程」が定められる。四方拝（一月一日）、紀元節（二月十一日）、天長節（十一月三日）などの

「祝日」や、元始祭（一月三日）、新年宴会（一月五日）、春季皇霊祭（三月二十一日頃）、秋季皇霊祭（九月二十三日頃）、神嘗祭（十月十七日）、新嘗祭（十一月二十三日）などの「大祝日」には、小学校で天皇礼拝の儀式を行い、子供に相応しい唱歌を歌わせることが義務付けられた。[25]さらに明治二十六年（一八九三）には、これらの儀式で歌うべき「祝日大祭日唱歌」として「君が代」「勅語奉答」「一月一日」「元始祭」「紀元節」「神嘗祭」「天長節」「新嘗祭」の八曲が選定された。[26]通常の学校生活は別として、これらの儀式が行われる日時には小学校では定められた唱歌を歌わなければならなくなった。国民意識を高め、集団統合を図る目的で唱歌は歌われるようになる。

ところで、「祝日大祭日唱歌」が制定され唱歌教育の普及が火急の課題となったが、当時の学校設備は唱歌教育に十分だったのだろうか。現在では学校の音楽室にオルガンやピアノが設置されているが、実はこの頃には洋楽器は全くと言ってよいほど行き届いていなかった。国産洋楽器としては、明治十七年（一八八四）に西川虎吉がつくったものが最初のオルガンとされている。国産の足踏みリードオルガンの製造が始まるのが明治二十年（一八八七）のことであり、それは浜松に山葉風琴製造所（後の日本楽器製造株式会社、現ヤマハ株式会社）を設立した山葉寅楠によるものであった。このように明治二十年代は国産洋楽器産業の黎明期であった。しかし、先の「祝日大祭日唱歌」の制定により儀式での唱歌の歌唱が義務付けられたのに伴って、教育楽器の開発が求められ、楽器産業の拡大が促されることになった。そして、明治三十三年（一九〇〇）に山葉寅楠によって国産第一号のピアノが製造され、教育楽器は教育現場に徐々に浸透していく。とはいえ、楽器を使うのは教員に限られていて、一人ひとりの子供が楽器を持つ楽器指導がなされるようになるのは第二次世界大戦後のことである[27]。

明治十年代に唱歌教育を実施していたのは、東京師範学校附属小学校や東京女子師範学校附属小学校、学習院を除いてほとんどなかったが、明治十年代の終わり頃から各府県師範学校で唱歌教育が開始し、明治二十年代には唱歌教育を受けた教員が全国の小学校に赴任し始めた。こうして、唱歌は明治二十年代を通じて全国に広がっていった。

山葉寅楠（提供：ヤマハ株式会社）

三　明治三十年代から四十年代の唱歌と帝国主義

ヨナ抜き長音階とピョンコ節

明治三十年代に入ると、国内の政治制度の整備が進んだ。そして、日清・日露戦争の勝利によって国力に自信を得て、日本は国際的な地位を獲得していく。

この頃、流行した唱歌に、「汽笛一声新橋を、はや我汽車は離れたり、愛宕の山に入りのこる、月を旅路の友として」の歌詞に始まる「鉄道唱歌」がある。「鉄道唱歌」は明治三十三年（一九〇〇）、『地理教育鉄道唱歌　第一集』というタイトルで、歌を通して日本の歴史や地理を学ぶことを目的に作られた。東海道沿線に刻まれた歴史、地理、史跡、産業、歴史上の人物、将軍、天皇の名前などが歌い込まれている。その道のりは新橋駅に始まって神戸駅まで続き、延べ六十六番に及ぶ。歌詞は七五調で、その軽快な調べが同じ旋律にのって何十回も繰り返される。「鉄道唱歌」は爆発的な人気を呼び、東海道編を第一集として、一年間のうちに山陽・九州編、東北編、北陸編、関西編と続編が編纂された。曲数は三百三十四番まである。歌詞と楽譜が印刷された小冊子で売り出されたが、流行を受けて学校教育にも取り込まれていった。

ところで、現在私たちの耳にする「鉄道唱歌」の作詞は大和田建樹（一八五七〜一九一〇）で、作曲が多梅稚（一八六九〜一九二〇）によるものである。しかし、実は他にも作曲者が数名いる。第一・二集には上眞行（一八五一〜一九三七）らの作曲によるもの、第三集には田村虎蔵（一八七三〜一九四三）による作曲のもの、第四集には納所弁次郎（一八六五〜一九三六）・吉田信太（一八七〇〜一九五三）作曲によるものがあり、当初はどの旋律で歌ってもよかった。多梅稚の旋律が一番好まれた結果、現在まで歌い継がれているというわけである。

「鉄道唱歌」の人気の秘密は、多梅稚の作曲した旋律の歌いやすさにあった。歌いやすさは何よりその音階にある。「鉄道唱歌」の音階は「ヨナ抜き長音階」と呼ばれるものであった。西洋音楽の長音階が「ドレミファソラシ」という七音音階であるのに対し、ヨナ抜き長音階は「ドレミソラ」の五音からなる和洋折衷の音階である。[28] 西洋音楽の七音音階にあてた日本の呼び名（音名）「ヒフミヨイムナ」の第四度音（ヨ）と第七度音（ナ）を欠いていることから「ヨナ抜き」と言われた。ヨナ抜き長音階は、わらべ歌や民謡などを通して五音音階に親しんできた日本人の心をしっかり摑んだ。

また、「鉄道唱歌」のリズムも特徴的であった。旋律は西洋音楽の付点リズムで出来ており、ラッタラッタとスキップするようなこのリズムは「ピョンコ節」と呼ばれた。繰り返されるピョンコ節の調子のよさと分かりやすさもまた、子供たちが旋律を覚えこむのに効果的だった。

こうしてヨナ抜き長音階とピョンコ節による音楽的な和洋折衷で七五調の歌詞を歌うスタイルは、大当たりした。明治三十年代には多用され、唱歌の「定型」となる。そして、唱歌は教材としての枠を越えて全国に広がり、国民に広く共有されるものになっていった。(29)国民誰もが共有できる歌曲の誕生であった。その多くは「鉄道唱歌」のように近代国民国家として国民に必要とされる知識を歌い、音楽を通して人々に教育的で教訓的な事柄を記憶させ身につけさせることを目的にしていた。唱歌の新しいスタイルは、人々を啓蒙し近代的で均質な国民を形作ることに貢献したのである。

「鉄道唱歌」

作詞：大和田建樹
作曲：多　梅稚
きーてきいっせいしんばしを
はやわがきしゃはーはなれたり
あたごのやーまにいりのこる
つーきをたびじのともとして
『地理教育鉄道唱歌（第一集）』の歌詞と楽譜

言文一致唱歌

ところで、当時の日本では口語（話し言葉）と文語（書き言葉）は別物とされていて、教科書では和漢混合の文語体が用いられていた。これまで作られた唱歌も、もちろん文語体の美文調で書かれていた。しかし、この時期、文芸の世界にて山田美妙や二葉亭四迷、尾崎紅葉らによる「言文一致運動」が起こると、日常の話し言葉を使って、感情や考えを分かりやすい文章で表現したいという欲求が高まり、文語体でないと気品が失われるという固定観念が取り払われていった。

この運動の影響を受け、唱歌にも子供の生活感覚に合った口語の歌詞を待ち望む声が大きくなっていった。そしてついに、学習院教官の納所弁次郎（一八六五〜一九三六）や東京高等師範学校教官の田村虎蔵（一八七三〜一九四三）ら音楽取調掛を卒業した作曲家と、石原和三郎（一八六五〜一九二二）、佐佐木信綱（一八七二〜一九六三）、大和田建樹、巌谷小波（一八七〇〜一九三三）ら文学者が協力して「言文一致唱歌」の創作に乗り出していくことになる。こうして『幼年唱歌』（明治三十三〜三十六年）や『少年唱歌』（明治三十六〜三十八年）などの言文一致唱歌集が生まれた。「キンタロウ」（マサカリカツイデ、キンタロウ…）、「モモタロウ」（モモカラウマレタ、モモタロウ…）、「さるかに」（はやくめをだせ、かきのたね…）、「うらしまたろう」（むかしむかし、うらしまは…）、「はなさかじじい」（うらのはたけで、ぽちがなく…）、「おおえやま」（むかし、たんぼの、おおえやま…）、「うさぎとかめ」（もしもし、かめよ、かめさんよ…）などが有名である。これらは子供に馴染みのある昔話を主な題材にしているのが特徴で、子供の生活に密着した内容が口語による優しい文体で生き生きと描かれていた。左は「うさぎとかめ」の歌詞である。「グーグー」や「ぴょんぴょん」といった擬声語は今でこそ珍しくないが、それまでの唱歌が文語であったことを考えれば画期的な新しさを感じさせただろう。

一　もしもしかめよ　かめさんよ
せかいのうちに　おまえほど
あゆみののろい　ものはない
どうしてそんなに　のろいのか

二　なんとおっしゃる　うさぎさん
そんならおまえと　かけくらべ
むこうの小山の　ふもとまで
どちらがさきに　かけつくか

三　どんなにかめが　いそいでも
どうせばんまで　かかるだろ
ここらでちょっと　ひとねむり
グーグーグーグー　グーグーグー

四　これはねすぎた　しくじった
ぴょんぴょんぴょんぴょん　ぴょんぴょんぴょん
ぴょんぴょんぴょんぴょん
あんまりおそい　うさぎさん

さっきのじまんは　どうした

また、「荒城の月」や「箱根八里」の作曲で知られる滝廉太郎（一八七九〜一九〇三）は、『幼稚園唱歌』（明治三十四年）において音楽面にも配慮した言文一致の唱歌を作曲した。この唱歌集は、子供に身近な遊びや生活を題材にして、歌われる季節の順にまとめたものである。滝はこれまでの唱歌が音楽的に満足し得るものではないことを憂慮していたが[30]、この『幼稚園唱歌』では全二十曲のうち十七曲を作曲し、ピアノ伴奏も付して発表するという前代未聞のことを成し遂げた。これ以前の唱歌はすべて単旋律で無伴奏であったので、ピアノ伴奏の付いた唱歌集の刊行は初めてのことであった。収録された唱歌には「水遊び」（水をたくさん汲んできて、水鉄砲で遊びましょう…）、「鳩ぽっぽ」（鳩ぽっぽ、鳩ぽっぽ、ぽっぽぽっぽっと飛んで来い…）、「お正月」（もういくつねると、お正月…）など、今も親しまれているものがある[31]。

子供の言葉で生活感情を歌った言文一致唱歌は、瞬く間に子供たちに受け入れられていった。文部省は当初、言文一致唱歌は低俗であるから文語体の歌詞を扱うべきだと主張していたが、言文一致唱歌の流行に対抗し、文部省でも言文一致による唱歌集を編纂しようとする動きが出てくる。

教科書事件と国定教科書制度

言文一致運動が高まりを見せているさなか、明治三十五年（一九〇二）、教科書の売り込みに絡んだ大規模な贈収賄事件が起きた。文部省による教科書検定制度が確立して以降、教科書はすべて民間で出版され、文部省の検定を通ったものが使われていたが、出版社の売り込み競争が激しくなり、教科書会社と政界や教育界との間で裏取引がなされたのだ。有罪となったのは代議士、知事、視学官、師範学校長、中学校長、郡視学、小学校長など三十数府県の百名以上になった。これによって教科書検定制度に対する批判の声は高まり、法令上も多くの教科書が使用できなくなった。

この事件を受け、翌三十六年（一九〇三）の「小学校令」では、教科書に関する条文を「小学校ノ教科用図書ハ文部省ニオイテ著作権ヲ有スルモノタルベシ」と改正し、教科書国定の方針を確立した。まず国定になった教科目は、修身・国語読本・地理・日本歴史の四教科である。唱歌の教科書については国定に指定されず、引き続き、民間出版の検定教科書から採用することになった。とはいえ、教科書の編纂は文部省が主体となったため、実質的には国定と言えるものであった。(32)

こうした教科書国定化の流れと、先の言文一致運動を受けて編纂されたのが、次に述べる『尋常小学読本唱歌』と『尋常小学唱歌』である。それは明治四十年代に入ってからのことであり、明治という時代の終焉が近づいていた。

『尋常小学読本唱歌』と『尋常小学唱歌』

明治四十三年（一九一〇）、『尋常小学読本唱歌』（一冊）が刊行された。文部省の手で編纂された「文部省唱歌」の誕生である。国定の国語教科書である『尋常小学読本』の韻文に旋律を付して、取り急ぎ唱歌集に仕立てられたものであった。編集委員は上眞行、小山作之助（一八六四～一九二七）、島崎赤太郎（一八七四～一九三三）、楠美恩三郎（一八六八～一九二七）、岡野貞一（一八七八～一九四一）、南能衛（一八八一～一九五二）らで、全二十七曲のうち、わらべ歌の「かぞえ歌」を除きすべて日本人作曲家による新作曲であった。「春が来た」（春が来た、春が来た、どこに来た…）、「虫のこえ」（あれ松虫が鳴いている、ちんちろちんちろ、ちんちろりん…）などが収録されている。

『尋常小学読本』は国定化を急いで編纂されたものだったので、収録曲数が少なく、この一冊で一年生から六年生までの教材とするには量的に厳しかった。そこで、翌年の明治四十四年

（一九一一）から、新たに『尋常小学唱歌』が刊行されていった。『尋常小学唱歌』は、前の『尋常小学読本唱歌』に収録されていた唱歌に加え、修身・国史・地理などの教科目からも教材を取り入れて曲数を増やし、学年ごとの別冊として編纂された。言文一致による口語の歌詞が使われており、全曲が日本人作曲家の新作という画期的な内容であった。日本人作曲家だけで新たな唱歌集が編纂されたのは初めてのことであり、音楽取調掛が当初目指した日本人による新作の創作というのがようやく達成されたことになる。実に、伊澤らによる取り組みから三十年もの月日が経っていた。しかし、文部省ではこの唱歌集が国定であることを強調するため、作詞者や作曲者については無記名とし、ただ「文部省唱歌」とだけ記した。

一方、歌われていた内容は日清・日露戦争の勝利を受けて、帝国主義の路線を大きく反映したものに変化していた。それは歌詞にはっきりと表れている。例えば「広瀬中佐」（『尋常小学唱歌（四）』）では、次のように歌われている。

一　とどろくつつおと　飛び来る弾丸
　　あらなみ洗う　デッキの上に
　　闇を貫く　中佐の叫び

二　船内隈なく　尋ぬる三度
　　呼べど答えず　探せど見えず
　　船は次第に　波間に沈み

「杉野は何処　杉野は居ずや」　　敵弾いよいよ　辺りに繁し

三　今はとボートに　移れる中佐
　飛び来る弾丸に　忽ち失せて
　旅順港外恨みぞ深き
　軍神広瀬と　その名残れど

ここでは、日露戦争の旅順港閉塞作戦で亡くなった海軍の広瀬武夫中佐が題材となっている。広瀬中佐は退船の際、沈みかけた船に戻って部下の杉野孫七上等兵曹を捜索したが見つけられず、引き揚げる途中、ロシア軍の砲撃を受けて戦死した。武勲をたてた戦死をたたえ、広瀬中佐は死後、神格化されて日本で初めての「軍神」となった人物である。

この「広瀬中佐」に見るように、『尋常小学唱歌』では戦争色が強調され、唱歌は国家の帝国主義・軍国主義的な路線を拡大するために利用されるようになっていた。その後『尋常小学唱歌』は『尋常小学校読本唱歌』とともに増補改訂されながら、昭和十五年（一九四〇）の第二次世界大戦前まで使用される。『尋常小学唱歌』は日本人による新作曲集であったが、音楽的にはアウフタクトや三拍子などを用いた西洋音楽の語法に基づき、ヨナ抜き長音階とピョンコ節も多用した画一的な内容であった。その単純で覚えやすい旋律にのって帝国主義を強める内容の歌詞が全国を隈なく走り、子供たちに刷り込まれていったのである。現在のようにテレビやインターネットが普及していない明治時代において、学校教育はそれ自体が一種のメディアであった。〝うたごえ〟は全国一律に思想や知識を普及できる貴重な手段であったのだ。こうして、近代国民国家の樹立を目指し「国楽」を興すべき人物を養成するために作られた唱歌は帝国主義の波にのまれていく。

おわりに

振り返ってみると明治時代の初年、音楽取調掛の目指すところは、東西二洋の音楽を折衷して今日の日本に適する「国楽」を制定することにあった。その最大の目的は、西欧諸国に並ぶ近代国家を樹立することにあり、そのために階層や地域を超えて国民誰もが共有できる「国楽」を興して、江戸時代までには存在しなかった「国」や「国民」というアイデンティティを育み、国民教化を成し遂げようとした。重要課題に、①東西二洋の音楽を折衷して新曲をつくる事、

②将来「国楽」を興すべき人物を養成する事、③諸学校に音楽を実施する事を挙げ、近代的な学校教育を導入して東西二洋の音楽を折衷した唱歌教育を目指すと同時に、人材の育成と教材の作成が段階的に進められた。唱歌教材には日本の伝統音楽を活かした和洋折衷が好ましいとされたものの、当時の音楽取調掛に和洋折衷の新曲を生み出す力はなく、最初の教材の『小学唱歌集』では外国歌曲を流用し花鳥風月の日本語歌詞が「替え歌」方式で当てはめられた。

明治二十年代になり音楽取調掛で学んだ人材が育ち始めると、歌詞だけでなく旋律をも日本人が作曲する動きが見られるようになった。そして、明治三十年代には「鉄道唱歌」などの国民を啓蒙するための唱歌が大量に誕生し、ピョンコ節とヨナ抜き長音階による七五調の曲調が人々を捉え、唱歌の大流行を引き起こした。言文一致運動を経て明治四十年代になると、『尋常小学読本唱歌』や『尋常小学唱歌』などの「文部省唱歌」が誕生し、日本人による新曲の唱歌集が刊行できるまでに熟していった。

しかし、その頃には、唱歌は当初理想としていた姿とは違ったものになっていた。日清・日露戦争から第一次世界大戦へ向かう風潮を受け、唱歌は国家主義的な色を強め、戦争への道を一直線に邁進する任務を担わされることになった。さらに唱歌は、植民地教育の媒体として、台湾や中国などアジア諸国に国境を越えて伝播していった。唱歌の実態も求められる役割も、明治初年に音楽取調掛が目指していた「国楽」の姿からかけ離れたものになっていた。〝明治のうたごえ〟である唱歌は明治時代を通じてその内容、求められる機能、音楽的な特徴などを変化させていたのである。

このあと、第一次世界大戦が終了すると大正デモクラシーの風潮となり、自由と民主主義の要求が高まっていく。子供の文化や教育を見直す動きのなかで、「学校唱歌、校門を出ず」と言われた唱歌を批判し、真に子供のための歌を創作しようとする童謡運動が起こる。大正七年（一九一八）に雑誌『赤い鳥』が創刊されるのを皮切りに、雑誌『金の船』（後の『金の星』）など児童文学雑誌が次々に刊行され、「かなりや」（西条八十作詞、成田為三作曲）、「赤い鳥小鳥」（北原白秋作詞、成田為三作曲）、「青い眼の人形」（野口雨情作詞、本居長世作曲）など数々の童謡が生み出されていく。そして今度は童謡が〝大正のうたごえ〟となり、時代を席巻するのである。

注

（1）ナショナルアイデンティティの創出をめぐる唱歌の役割に関しては、奥中康人『国家と音楽』（春秋社、二〇〇八年）や渡辺裕『歌う国民』（中公新書、二〇一〇年）に詳しい。

（2）神田の説をはじめとする「国楽」創成論については、塚原康子『明治国家と雅楽』（有志舎、二〇〇九年）百九～百十二頁に詳しい。

（3）神田孝平「国楽ヲ振興スヘキノ説」（『明六雑誌』第十八号、一八七四年）。

（4）アメリカへは伊澤のほかに、神津専三郎と高嶺秀夫も同じ目的で派遣された。神津は伊澤の同郷（長野県）で、のちに音楽取調掛で伊澤の片腕となった人物。高嶺は帰国後東京師範学校長となり、明治三十七年には東京音楽学校長となっている。

（5）伊澤修二君還暦祝賀会編『楽石自伝教界周遊前記』（一九一二年）。（復刻　大空社、一九八八年）ここでは復刻版を参照した。七十五頁。

（6）奥中康人によると、伊澤はメーソン邸で唱歌の個人指導を受けるだけでなく、メーソンと一緒に日本人向けの音楽教材の開発にも取り組んでいた。伊澤の帰国後、メーソンが日本に招聘されると教材開発が再開され、のちの『小学唱歌集』の刊行に繋がった（奥中、前掲書、百四十九頁）。

（7）バイエルに関するここでの記述は、東京芸術大学百年史編集委員会『東京芸術大学百年史　東京音楽学校篇（第一巻）』（音楽之友社、一九八七年）三十三頁に拠る。

（8）前掲書『東京芸術大学百年史　東京音楽学校篇（第一巻）』十五頁によると、「我公学ニ唱歌ノ課ヲ興スベキ仕方ニ付私ノ見込」は「目賀田種太郎個人の意見として書かれている。だが筆跡は伊澤修二のものである。」とあり、二人の共同文書と考えられている。

（9）音楽取調掛は明治二十年（一八八七）に東京音楽学校、昭和二十四年（一九四九）には東京芸術大学音楽学部に発展的解消している。

(10) 音楽取調所編『音楽取調成績申報書』(文部省、一八八四年)。前掲書『東京芸術大学百年史　東京音楽学校篇(第一巻)』に一部翻刻。伊澤修二『洋楽事始――音楽取調成績申報書』山住正己編(平凡社、一九七一年)。
(11) ちなみに、当時の日本美術では岡倉天心とフェノロサが日本伝統を重視する方針を打ち出していて、音楽と美術とでは目指す方向性が異なっていた。
(12) 前掲書『東京芸術大学百年史　東京音楽学校篇(第一巻)』。音楽取調掛における歌づくりの実態とその担い手の養成については、塚原、前掲書で詳細に検証されている。
(13) 音楽取調所編、前掲書。
(14) この分析結果は明治十四年(一八八一)に編纂される『小学唱歌集』に反映されていて、渡辺裕の調査では全九十一曲のうち短音階を用いた唱歌は七曲に留まる(渡辺、前掲書、十九頁)。
(15) 前掲書『楽石自伝教界周遊前記』、復刻版七十六頁。
(16) 原曲の訳詞ではなく日本語の歌詞を当てはめることを当時は「作歌」と呼んだ。
(17) 前掲書『東京芸術大学百年史　東京音楽学校篇(第一巻)』九十一頁。
(18)『小学唱歌集』の第一・二編はメーソンが編集、第三編はF・エッケルト Franz Eckert, 1852-1916 が編集した。エッケルトはドイツ人であったため、第三編より『小学唱歌集』はアメリカからドイツ音楽寄りへ転換している。なお、岩井正浩は『小学唱歌集』の全九十一曲のうちアメリカから入ってきた唱歌は全体の三分の二強に及ぶと指摘している(岩井正浩『子どもの歌の文化史』第一書房、一九九八年、五十四頁)。

（19）「あおげば尊し」の原曲は桜井雅人によって二〇一一年に発見された（『朝日新聞』二〇一一年一月二十四日）。
（20）『小学唱歌集（初編）』（文部省、明治十五年。出版届は明治十四年）。伊澤修二による緒言。
（21）『小学唱歌集』第六十三番〜六十七番。
（22）「蛍の光」の歌詞と音楽の調和については、岩井、前掲書、五十五・五十七頁にて詳細に分析されている。
（23）「蛍の光」の歌詞の検定に関する記述は、主に中西光雄「『蛍の光』歌詞の成立過程」（CD『蛍の光のすべて』キングレコード、二〇〇二年。改訂版二〇一四年）に基づく。改訂版を参照した。
（24）山住正己『子どもの歌を語る―唱歌と童謡―』（岩波新書、一九九四年）。
（25）「明治節」は昭和三年に制定告示された。
（26）「祝日大祭日唱歌」は太平洋戦争が終結する昭和二十年（一九四五）まで全国の小学校の儀式で歌われた。
（27）松村直行『童謡・唱歌でたどる音楽教科書の歩み』（和泉書院、二〇一一年）。
（28）「ヨナ抜き音階」（吉川英史監修『邦楽百科辞典』音楽之友社、一九八四年、千二十九頁）。
（29）山東功はこの時期に地理を歌いこんだ鉄道唱歌は七十二曲存在し、最終的には百曲近くになるだろうとしている。交通機関を歌った唱歌には「航空唱歌」「航海唱歌」「世界唱歌」「満韓鉄道唱歌」などもあり、いずれも唱歌は教授法としての「装置」として機能したことを指摘している（山東功『唱歌と国語　明治近代化の装置』講談社選書メチエ四〇六、二〇〇八年、百三十頁）。なお、日清戦争後は数多くの軍歌が作曲されるようになるが、その多くがヨナ抜き長音階とピョンコ節によるものだった。

（30）滝は、明治三十三年（一九〇〇）に作曲した組歌『四季』の序文にて「近来音楽は、著しき進歩発達をなし、歌曲の作世に顕はれたるもの少しとせず。然れども是等多くは通常音楽の普及伝播を旨とせる学校唱歌にして、之よりも程度の高きものは極めて少なし、そのやや高尚なるものに至りては、皆、西洋の歌曲を採り、之が歌詞に代うるに我歌詞を以てし、単に軸を割当るに止まるが故に、多くは原曲の妙味を害うに至る（略）」と述べている。

（31）いずれも、東京女子高等師範学校附属幼稚園の保母であった東くめ（一八七七〜一九六九）が作詞した。

（32）唱歌の教科書国定化は、昭和十六年（一九四一）に小学校が国民学校に改められる際になされる。

《暮らし》

第五章　日本人の「はだか」
――西洋人のまなざしと東京違式詿違条例――

田中裕二

はじめに

文明開化の影響を直接的に肌で感じることになった明治初期の政策のひとつに、明治五年（一八七二）に施行された東京違式詿違条例が挙げられる。というのも、日々の生活に直結する軽犯罪法であり、内容が衣食住を含む文明開化の国としての新しい心得や規範が提示されていただけではなく、違反したものには罰金が科せられ、罰金が払えない場合や、罪の軽重によっては笞罪が待ち受けていたからである。実際にどの程度刑が執行されたか否かという問題もあるが、文明開化の時代に守るべきルールを示し、右図のような図絵が多く出回ったことを見ると、市井の人々にとっても生活に係る一大事であり、新しい時代の到来を告げる法令であったことがわかる。

昇斎一景『画解五十余箇條（22条・12条・13条）』
東京都江戸東京博物館蔵
Image：東京都歴史文化財団イメージアーカイブ

本稿では、明治五年（一八七二）東京府で最初に施行された違式詿違条例の中で、とりわけ第十二条「男女入込ノ湯ヲ渡世スル者」を処罰の対象とした男女混浴の禁止と、第二十二条の「裸体又ハ袒裼シ股脛ヲ露ハシ醜体ヲナス者」に代表される日本人の「裸体」が、西洋人の「まなざし」の介入による文明化の名の下、いかに非文明的な行為として規定されていったのかについて検証することを目的としている。

幕末から明治五年にかけての「裸体」と、現代の我々が抱く「裸体」イメージは異なり、明治初年の文明開化期に肌を表すこと、つまり、褌姿での労働や道端での行水が公然の「裸体」と規定されていく過程に加えて、男女の混浴に対する西洋人の認識にはどのようなものがあり、また、その西洋人の視線と日本人の反応から、公の場で肌を露出することに対する禁忌感や畏怖感の齟齬がどのように生まれたのかについても言及したい。

この「裸体」問題の背景にある、上位の文明国が、下位の非文明国を開化させるという構図や、日本独自の伝統的な労働着としての褌姿に、この明治という時代はいかなる変更を求めていったのだろうか。「文明化」と「まなざし」をキーワードに紐解いてみたい。

嘉永六年（一八五三）にペリーが日本に来航した幕末の開国期から、明治五年（一八七二）に違式詿違条例が制定される頃までの文明開化の初期を対象として、幕末の開国期以降に来日した西洋人の「まなざし」の介入が、いかに日本の裸体観の形成に寄与したのか。そして、文明化を明治政府や東京府はどのように捉え、東京違式詿違条例に集約させていったのかについて、発布された布告や外交文書、欧米人の日本旅行記等からみていきたい。その検証は西洋人の「まなざし」という視座から、日本人の「裸体」認識と西洋人のそれとの齟齬をあぶりだすことにもつながっている。

本稿は先行の論文や著作に多くを負っているが、「裸体」や「混浴」を取締ることになった東京違式詿違条例について、出来る限り一次史料に基づき検証を行ったところ、同条例へ至った思惑と現実、そして同条例が施行される前夜の省庁間のやりとりから、適用範囲を巡る見解について新たな発見もあった。同条例は、現在の我々の「裸体」についての価値観につながる出発点であったことも付記しておきたい。

それでは先ず、西洋との出会いによる日本人の「裸体」と「恥」の関係性を論じた先行研究が多数あるので、その主な論文や著書を紹介したい。

一　「裸体」と「文明化」をめぐる研究史

「裸体」と文明化に関する分野で先駆的な研究は、ノルベルト・エリアスの『文明化の過程』である(1)。中世社会には「裸体」に対する羞恥心はなく、「裸体」をさらすことは自然なことであったが、十六世紀には徐々に失われ、十七から十九世紀にかけて上流階級で失われていき、下流階級は緩やかに日常的な慣習が消滅していったという。

一方、ハンス・ペーター・デュルは、日本人の「裸体」と恥に言及し、目線の接触を嫌う日本人の間では、長く見つめられたり凝視されたりすると、恥が生じたことを指摘。「もしそのようなことが公衆浴場や温泉で起これば、その羞恥心はずっとひどくなった」と、「裸体」であっても、ある種の礼儀作法の掟が存在し、入浴する者の「裸体」を「見る」ことはなかったことを論じた(2)。

幕末に来日した欧米人の多くが、公衆浴場に服を着たまま入り込んだり、道端で行水する様子を「凝視」したりすることは、日本の礼儀作法から逸脱した行為であり、日本人は欧米人の粗野や原始性に驚き、自国の礼儀作法の掟をほとんどの異国人が理解できないとの前提から出発した。そのため「裸をタブーとしなかった日本人の《自然への近さ》が外国で話題になった時、日本人は異国人に伝統的な日本のエチケットを説明しようとせず、自国の近代的〈西洋的〉立法を指し示した」ことが不幸の始まりであったとデュルはいう。(3)

渡辺京二は『逝きし世の面影』で、幕末に来日した多くの西洋人が残した旅行記を丹念に読み込み、「日本人の道徳的資質さえ疑わせるにいたった習俗に、公然たる裸体と混浴の習慣があったことは広く知られている」と前置きしながら、西洋では特殊な場所に限られていた混浴を日本では独自に発達した「失われた文明」の風習のひとつと肯定的にとらえ、西洋人のまなざしによって、次第に消えていった無垢な「裸体」文化をノスタルジックに描き出している。(4)

渡辺京二と同様、今西一も欧米文明の「まなざし」により、日本の伝統社会の「裸体」文化が急速な勢いで破壊されたとみるが、今西は民衆史の視点から、欧米人の「まなざし」が、日本人知識人の「まなざし」となり、民衆を「野蛮・未開」として捉え、そこから新たな差別の構造が生まれたことを指摘した。(5)

百瀬響も、渡辺や今西と同様、違式詿違条例が日本の風俗を解体したとする文脈で、民衆の文明化を説明する。(6) 百瀬には同条例を庶民に浸透させる視覚的な手段として使われた図解に着目した論文もある。(7) 近年では、幕末から現代まで裸と羞恥心との変遷をまとめた中野明『裸はいつから恥ずかしくなったか』や、下川耿史『混浴と日本史』が出版されるなど、これまで多くの論文や著作が刊行されている。(8)

開国以前の日本人のみの共同体では「裸体」ではなかった褌姿や、上半身並びに太腿を露出すること、道端でする行水や公衆浴場での混浴は、日本の伝統的な日常風景であり風習であったが、西洋人の「まなざし」の介入により、西洋から持ち込まれた文明の尺度に沿って、日本人自らが伝統的な労働着を「肌の露出」、混浴を「非文明的な行為」に分類してしまった。そして、「非文明的」であるというレッテルを貼ることで、伝統的な風俗や文化が次第に解体されていったとする渡辺、今西、百瀬等多くの専攻研究に、私も同意する。

ただし先行研究の中で、デュルの論点は、日本人の「裸体」意識と「恥」の問題を考える上で重要な示唆を含んでいる。混浴における日本人同士の間には「見れ」ども「心に留めず」という、ある一定の礼儀作法が存在し、それは視線が入浴者をすり抜けるのであり、もしそうでなければ日本人も凝視されると羞恥心が生じたというデュルの視点を加味しながら、西洋人の「まなざし」とその視線の行方から、日本の「裸体」と「混浴」の風習について幕末から明治初年までを振り返ってみたい。

二　幕末日本の男女混浴の顕在化

嘉永六年（一八五三）マシュー・カルブレイス・ペリーが黒船で来航し、帰国後にペリー自身の航海日記や公文書等をフランシス・L・ホークスが編集した公式な報告書『ペリー艦隊日本遠征記』の挿絵と解説により、下田の公衆浴場と男女の混浴が広く知られることになった。しかし、本書の指摘により日本の男女混浴が即座に禁止された訳ではない。湯屋渡世の者に対しては、寛政三年（一七九一）寛政の混浴禁止令として御触れが出されており、維新前後の混浴禁止の布告とは意味合いが異なるものの、明治五年（一八七二）の違式詿違条例で突然「男女入込ノ湯ヲ渡世スル者」を処罰の対象に加えた訳ではないことは留意しておくべきであろう。(9)

従来の外交ルートである長崎の出島を通さずに、浦賀に上陸を強行したペリーが日本を開国させ、併せて通商を迫った時、ペリー艦隊一行は文明国の使者として蒸気機関車の模型やモールス電信機を持参し、圧倒的な文明力を誇示し、江戸幕府との交渉に挑んだ。彼を知り己を知らば百戦危うからず、日本の神羅万象を調査対象としたペリー艦隊一行の目に飛び込んできた未知の国「日本」の風俗に、彼らにとって驚くべき公衆浴場の混浴があったのである。

住民はいずれも日本人特有の礼儀正しさと、控えめだが愛想をそなえている。裸でも気にせず男女混浴をしている公衆浴場を目のあたりにすると、アメリカ人には住民の道徳性について、さほど良い印象を持てないだろう。これは日本全体に見られる習慣でないかもしれないし、実際、われわれが親しくしていた日本人もそうではないと言っていた⑽

ペリーが強制的に開国を迫り、半ば強引に和親条約を締結した後、アメリカが本来の目的である貿易交渉のために派遣したのが、初代駐日アメリカ合衆国公使となるタウンゼント・ハリスであった。ハリスは安政三年（一八五六）、伊豆下田に着任し、ハリスもペリー艦隊一行と同様、日本の混浴習俗、つまり男女が裸で同じ風呂に入ることに眉をひそめている。日本人の富裕層と労働階級では異なるという認識は持っていたようであるが、ハリスから見れば同じ日本人である。やはり同じ浴室で老若男女が湯に入ることは、道徳的にも問題があるとハリスに見なされてしまった。

日本人は清潔な国民である。誰でも毎日沐浴する。職人、日雇の労働者、あらゆる男女、老若は、自分の労働を終わってから、毎日入浴する。下田には沢山の公衆浴場がある。……(中略)…富裕な人々は、自宅に湯殿をもっているが、労働階級は全部、男女、老若とも同じ浴室にはいり、全裸になって身体を洗う。私は、何事も間違いのない国民が、どうしてこのように品の悪いことをするのか、判断に苦しんでいる(11)

ペリー艦隊一行やハリスも日本人の一般的な性向について、それぞれ「礼儀正しく」毎日沐浴する「清潔な国民」であると好印象を持ちながらも、男女の混浴については「良い印象を持てない」「判断に苦しむ」と、下田という限定された場所であるが、日本人一般の不道徳さの象徴としてとらえていた可能性は高い。

一方、ペリー艦隊に随行したドイツ出身の画家ヴィルヘルム・ハイネは、ペリーとハリスが嫌悪した混浴について、さほど否定的な見解を述べていない。むしろ、混浴風景をハイネ独特の観察眼で、のどかに描写している。ただし、ハイネも当然衣服を着たまま、浴室に入り込み、文明国の使者として混浴風景を観察している点はペリーやハリスと同じであることを念頭に置いて読む必要がある。

浴場それ自体が共同利用でそこでは老若男女、子供を問わず混じり合って、ごそごそとうごめき合っているのである。また外人が入って来ても、この裸ん坊は一向に驚かないし、せいぜい冗談混じりに大声をあげるくらいだった。この大声は、私が察するには、外人が一人入ってきたので、一人二人の女性の浴客があわてて湯船に飛び込んで水をはねかしたり、あるいは、しゃがみ込んだ姿勢で、メディチ家のヴィーナスよろしく手で前を隠すポーズをとったりしたからであるらしかった(12)

渡辺京二はこのハイネの記述について、彼がおどろいているのはむしろ、湯加減の極端な熱さに対してであり、彼は一人の男が木桶にわかした湯につかっているのを見たが、驚愕のあまり茫然としてしまい、湯気が立ちこめ、身体はまるでゆでた蟹のようになっているのに、もう一人の男がどんどん火を焚きつけている。彼は人間が煮られていると思ったのである。彼は西洋中世以前の聖人の殉教を連想した。湯に浸っていた男はすっかりいい気分で、やがて桶から出ると、少しもハイネの眼を恥ずかしがらず、丸裸のままからだを手拭いでこすりはじめたとしている。(13)

しかし、「メディチ家のヴィーナスよろしく手で前を隠すポーズ」を取った女性の行動は、見慣れぬハイネという外国人（西欧人）の「まなざし」の介入により、日本人だけの日常の空間が崩れたことを意味している。女性の浴客が「手で前を隠す」行為は、外国人の存在により、恥ずかしいという意思表示に他ならないのではないだろうか。

何れにせよ日本人にとっては、それまで見たことのない西洋人が、服を着たまま公衆浴場に土足で入り込んできた「不作法」な行為であり、入浴していた日本人の暗黙の礼儀作法を無視した行為であったことを留意せねばなるまい。

ペリー艦隊一行やハリスは、文明国の使者として未開の国に住む日本人を観察し、礼儀正しく清潔な国民であり、全ての湯屋が混浴ではなく、階層によっても異なることを理解しつつも、彼らから見れば階層が違えど同じ日本人であり、男女の混浴は理解に苦しむ非文明的な行為としてとらえられた。さらに、ペリー艦隊一行やハリスも、日本人の日常的な風習であった混浴における、入浴の礼儀作法を守らず、そこに「居る」が「見ない」という視線の行方に注意を払うどころか、土足で風呂を見学していたのだった。

西洋人に対しては、男女入込みの湯の数、場末が多く市中は少ないこと、時間制で入替えがあったり、仕切り板で浴槽が仕切られている風呂があるなど、その構造や入浴文化に限らず、入浴の際の礼儀作法についても丁寧に説明すべきであったが、日本人同士ではさほど問題になりえなかった風習であり、その説明を怠ったため、「非文明的」のレッテルを貼られることになってしまった。

三　明治維新期の混浴と行水　「文明化」と「裸」

幕末開港期から明治初期にかけて、文明開化と恥の文化の視点から、日本人の沐浴について言及したのが、民撰議院設立建白書を日新真事誌に掲載したことで知られる、英国人ジョン・レディ・ブラックの体験である。

開港初期の日本における体験談を出版した人々は、江戸で目にとまった婦人の、人前でする行水の話をしている。……（中略）……一八六二年（文久二）頃でも、こんなことは、江戸と横浜の近辺で、見られた。さらに本書を書いている現在（一八八〇年）から五年をさかのぼらない頃でも、こんな光景を居留地のすぐ近所で、毎晩通行人は見たし、みている。私は、この光景を本村から山手へ通じる道の一つでも、また周りの村でも何度も見た。四方八方へ遠出する人にとって、いわゆる「見さかいのない行水」はごく普通に見られたの

で、じきになんとも思わなくなった(14)

ブラックの証言から、開港初期から明治八年（一八七五）頃まで、江戸や横浜の居留地周辺でも「みさかいのない」行水、つまり婦人が肌を露わに道端で沐浴する様子は、日常的な風景としてよく見られた。日本人の共同体だけで暮らしていた時には、何ともない日常風景であり、気に留める者はいなかった訳であるが、開港後に日本に来た外国人にとっては、道端での行水は衝撃的な風景だったようである。日本滞在の体験談を出版した欧米の人々の間で、しばしば人前でする婦人の行水を、観察した結果が残されていることからもわかる。右図は文久三年（一八六三）から明治九年（一八七六）頃に下岡蓮杖によって撮影された《行水》の写真である。日常の風景であった行水の光景を切り取り、顕在化させているため、生々しい。

下岡蓮杖『行水「下岡蓮杖名刺判写真」より』東京都写真美術館蔵
Image:東京都歴史文化財団イメージアーカイブ

婦人の行水だけではなく、混浴についてブラックは「一八六二年頃までの、またもっと後までの日本人町の一つの特徴は、公衆浴場（銭湯）がたくさんあったことだ。ここでは、男女が一緒に入浴していた。当時、ここに住んでいた数人の外国人が示したような世論の力によって、ようやく次第に改められた」と証言する。[15]ただ、欧米各国公使や欧米メディアによる圧力を示す直接的な史料は発見できていない。

次に、明治初年に発行された一般的な啓蒙書から、日本人側の反応をみてみたい。明治初年は文明開化という言葉でしばしば語られる時代だが、この時期、今後の日本人がたどるべき道や、文明国の国民としての心得などを記した啓蒙書が数多く出版された。その中の一冊に「開化之本」がある。非科学的とされた天狗と河童が、無用の漢学、旧態の武士の象徴として、実利や実益を求める開明の学術に追われ逃げ惑っている姿が挿絵には描かれている。その中には、時代の流れについていけず、腰を抜かした武士の横を、洋服姿の男が颯爽と馬にまたがり、「文明」の方向を目指して駆け抜ける挿絵も掲載されている。この中で、「文明化しなければ辱めを受けるので、文明の域に到達するには目標を定め、光陰を惜しんで刻苦勉励しなければならない」と諭す。開化のキーワードは「文明化」と「恥」であった。[16]

同じような論法で、明治の初年に江戸時代の風習や風俗を「旧弊」（非文明的）として否定し、洋服は実用的で、裃姿は「なさけない格好」とまで喧伝された。明治六年（一八七三）に出版された加藤祐一「文明開化」からの一節を筆者による現代語訳で紹介する。

外国人は実用的である事に常に注意を払っている。だから惰弱な格好はしない。日本も大昔に戻れば、外国人に笑われるような風俗ではなかった。今こうして明治になり文明開化の世の中になったのだから、だらしのない格好をしているのは、恥ずかしいことだ。早く外国人の衣服を仕立てて着るのがよい(17)

今の我々が読むとかなり強引な論法だが、同書には「各国（西欧）の人が、それぞれ帽子を被っているが、それは非常に良いことで、帽子を被らないのは日本だけで、各国（西欧）に対して恥ずかしい事だ。帽子をかぶらないで頭を出すことは、世界中の文明化されていない国の人がすることで、文明化が進んだ国では決してないことだ(18)」と、文明化された国では帽子を被るとまで断定している。文明開化期に刷られた錦絵を見ると、和服に下駄を履き頭には帽子を被り、洋傘を持っている人物が多く描かれているが、それは開化新時代の流行であった。

ここで、話を肌の露出に戻すことにする。日常の風景であった「労働着」の褌姿も、肌の露出が多く欧米の基準から見て「裸体」に分類されるため、明治五年の軽犯罪法である違式詿違条例で禁止されることになった。「最近、上半身はだかになったりする事が法律で禁止されたが、肌を人前で表さなくなったことは、非常に良いことで、日本も文明化された国として認められ、他国（欧米）に笑われることがないようになるだろう[19]」と、肌を露出することは非文明的で、欧米諸国から嘲笑の対象になるから法律で禁止すると解説している。外国人のまなざしを意識して、日本人特有の恥の概念をうまく援用しながら、文明化または文明国民としての規範を刷り込もうとしていた姿勢が読み取れる。

しかも、道端で肌を露出することは、非常に嘆かわしい行為であり、日本の悪習であるとまで断罪された。それは日本の悪い風習で、今まで誰も気が付かず、怪しまなかった。しかし、今日のように文明開化の世の中になって、皆「徳を尊み行ひを重んじる」時代になり世間の風俗を乱すので、明治政府が法律で禁止するのである[20]。ただし、そんな文明化は徹底しておらず、文明国の国民として相応しい身体になるよう眼を光らせていた警察官自身が、「人前で肌を表すことを法律で禁止したのはすばらしい事だが、それを取締まる洋服を着ている警察官が、暑さからか、下着姿で居るのを良くみかける[21]」と指摘されているのをみると、微笑ましくもある。

四　裸体への西洋の「まなざし」と日本の礼儀作法

明治十年（一八七七）に来日し大森貝塚を発見したことで有名なエドワード・シルベスター・モースは、急速に近代化しつつある明治日本の、失われゆく日本の文物を体系的に収集した人物としても知られている。彼の証言から日本人の肌の露出を恥としない不可思議な体験談を次に引用したい。

日本では何百年かにわたって、裸体を不作法とは思わないのであるが、我々（欧米人）はそれを破廉恥なこととみなすように育てられてきたのである。……険しい所を登る時、私は二人の可愛らしい娘に手をかして、足場の悪い場所を助け上げようとした。私には彼女等にふざけてかかろうというような意志は毛頭無かったのであるが、……彼女達はそう考えたらしく、私の申出を遠慮深く「ゴメンナサイ」と言って断った。さて、温泉に来て……（湯の温度を計っていた時）……私がいささか気恥ずかしく思い、桶の中にいる人達を見る勇気がなかったことは、誰でも了解出来るであろう。この時桶の中から「オハヨー」というほがらかな二人の声がする。その方を見て、前日のあの遠慮深い娘二人が裸で湯に入っているのを発見した私の驚きは、如何ばかりであったろう[22]

二人の可愛らしい日本の娘がモースと手が触れることを嫌がったのだが、風呂で裸を見られることに抵抗感がないことに彼は驚いているのであるが、現代の感覚では、着物を着た少女と手が触れることと、風呂から裸で挨拶をするのでは、後者の方が断然恥ずかしいと思うだろう。だが、この時モースが他の欧米人が示したような、風呂に入っている人物に対して、観察や凝視をするといった視線の「まなざし」を彼女等に投げかけていなかったことに着目したい。モースは「気恥ずかしく思い、桶の中にいる人達を見る勇気がなかった」のであって、彼女等は「まなざし」を向けられていないことに気が付き、そこに「居る」が「見ない」日本の礼儀作法を守るモースに対して、日常の風景（行為）として娘たちは通常の反応としてモースに気軽に挨拶したのではないだろうか。

モースは日本人が裸体を不作法と思わないと考えたが、モースが「恥ずかしさ」を感じて、見て見ぬふりをする日本の礼儀作法を守ったが故、彼女等も日本人に対するのと同じような態度で、何時もと変わらぬ反応を示し、風呂の中から裸で挨拶をしたと推測される。

次にモースにとっては「半裸」に分類された褌姿で仕事をする日本人の姿についてみてみよう。

運河の入口に新しい海堤が築かれつつあった。不思議な人間の杭打機械があり、何時間見ても興味がつきない。足場は藁縄でくくりつけてある。働いている人達は殆ど裸体に近く、殊に一人の男は、褌以外に何も身につけていない(23)

褌姿は日本の労働着であり、いわば日常風景であった。褌以外なにも着用していないのは、モースにとっては、ほとんど裸同然という理解になるのである。その褌姿で上半身が裸で太腿を露出する姿は「文明的ではない」という理由で、東京違式詿違条例では禁止されてしまう。しかし、褌姿の取締まりの範囲は、東京や横浜といった地域の、さらに市内で外国人の目と警察官の目が届く範囲に限られたようである。一歩市内を離れると普段の開放的な姿に戻ったことが次のモースの証言からもわかる。

私が昨日横浜から来る途中で写生した図程、一般民衆の単純な、そして開放的な性質をよく示すのはあるまい。車夫は横浜市の市境線を離れると、とても暑かったので、立止って仕事着を脱いで了った（市内では法律によって、何等かの上着を着ていなくてはならぬのである。）彼等は外国人に対する遠慮から、裸で東京、横浜その他の大都会へ入ることを許さない。裸といったって、勿論必ず褌はしめている(24)

日常の労働着であった褌姿は、外国人の視線「まなざし」を気遣って、日本人自らが肌の露出を極力控えるような法律を作ったと、モースは認識していたことがわかる。さらに、日本人車夫は、欧米人の視線が届かない市域を離れた郊外では、何時もの労働着姿、つまり褌姿に戻る車夫を目撃しており、下図で見られるような正装で車をひく

下岡蓮杖『人力車「下岡蓮杖名刺判写真」より』
東京都写真美術館蔵　Image:東京都歴史文化財団イメージアーカイブ

のであった。

五　文明化と非文明的「裸体」の取締り

日本の伝統的な労働着であった褌姿が、欧米人の「まなざし」により、「裸体」に分類されていく過程を御触れから改めて振り返ってみたい。

慶應四年（一八六八）八月、横浜居留地において「裸体」労働の禁止について、次のような御触れが出ている。それは「車力・土方・軽子・水主・日雇其外都テ人足共」を対象に、「裸体」で働く者へ「過料」を課し、罰金を払えない者は「当地追払」にするという内容であった。この御触れの中で、「裸体」での労働を禁止するのは、「外国ニハ裸体ノ者無之」という理由であった。(25)

多くの外国人の目に触れる居留地横浜の地域性もあるが、労働者階級に対して出された御触れである点も注目される。着る服や素材にまで細かな規定が存在し、階級を表す記号であった服装について、外国人の「まなざし」の介入により、日本人と一括りにされると、階級や階層に関わらず日本人としての文明度・文明開化度が、欧米の文明との比較で語られるようになったのである。「衣類不着、素肌ニテ稼方致候儀難相成段、兼テ相触置候儀ノ処、イツトナク相流裸体ニテ働イタシ候者間々相見」と、上着や股引を着用せず、「素肌」つまり、肌を露出して労働することは度々御触れで禁止してきたが、いつの間にか「裸体」で働く者が散見されるようになったとある。

街中での労働着だけではなく、「裸体」問題は湯屋を渡世する者、つまり風呂を営業する業者にも及んだ。明治五年（一八七二）神奈川県下で「去る十一月中、御布告有之候処、追々暖気に相成右体の所業無之様、店々へ懇々申諭、湯屋渡世は厚く心附、裸体出入不相成候間、太筆に認め張出可申様可致事」と、湯屋を営業する店は、段々暖かくなってくるので、店に「裸体」での入店や往来をしないよう、太い筆で書き、その旨を張り出せというのである。ここで「裸体」と言っても、褌姿に手拭いを肩にかけるといった姿も「裸体」の範疇になるので、暖かい季節になったからと言って、肌の露出は控え、衣類を着用せよ、湯屋を営業している業者は特に注意せよとある。

しかし、「裸体」での労働の禁止が守られていなかったことが、度々出された御触れからも容易に想像できる。明治五年（一八七二）三月神奈川県下での御触れを見てみよう。肌を表す行為は日本において「一般の風習」であって日本人はそれほど怪しまないが、「外国人に於ては甚だ之を鄙しみ候より、銘々大なる恥辱と相心得」よ、というのである。

日本では肌の露出は伝統的な風習で違和感がないのだが、外国人（欧米人）にとっては「大いなる恥辱」であることを肝に銘じ、そして、「外国の御交際追々盛んに相成」る昨今、欧米人に「裸体」と見なされる「見苦き風習、此侭に差置候ては御国体にも相拘」り、「自今賤民たりとも、決して裸体に不相成」様に心得えよと諭す。日本の国体にも係るので、全ての階層で衣服の着用を義務付けたのである。

それでは、外国との交際が進み、欧米人の基準で「裸体」と判定された日本の労働者階級は、何を着用すればよいのだろうか。「半纏又は股引・腹掛の内相用ひ、全身を不顕様屹度相慎むべし」とあり、上着に半纏を着用し、下は肌の露出を防ぐため、股引を履き、場合によっては腹掛けも着用しながら、全身の肌を表さないように慎まなければならなかった。

同じく明治五年（一八七二）三月、神奈川県下で「裸体にて歩行及職業致す間敷」ことと、「諸職人並に人足共の内、就中車力・春米職等の者」は裸で歩いたり仕事に従事しないようにというのであるが、特に左図の春米職等は特に気をつけよと厳しい。「従来の品行に馴致候より、暑気に至り衣服着候ては、充分の作用難相成様にも可心得候」と、衣類を着たままでは暑い季節に十分な作用が得られないとあるが、その作用とは「素裸体にて其時々の季候にも感冒いたし易く、殊に炎天に向ひ候ては健康を害し候に至り、畢竟一時の性行を耐へ候はば、病災を招くの憂ひ」はないと、肌を露出していると、気候の変化に体が影響を受け易く、健康を害する恐れがあるという苦し紛れな理由で、「裸体」を禁止するところは為政者の必死さが伝わってくる。[26]

横浜や神奈川県下での御触れを見てきたが、東京府下でも明治元年（一八六九）十一月に築地居留地が設けられると、「裸体」取締りは外国人の往来が多くなるに従って強化されていった。明治四年（一八七一）十一月、「府下ノ儀ハ、別而外国人ノ往来モ繁ク」なってきており、「外国ニ於テハ甚タ之（裸体）ヲ鄙」むので、「自今賤民タリトモ決シテ裸体不相成」様にせよというものであった。[27]

東京府下ではさらに、往来だけではなく、家の

下岡蓮杖『臼で脱穀「下岡蓮杖名刺判写真」より』
東京都写真美術館蔵　Image:東京都歴史文化財団イメージアーカイブ

中での恰好にも「まなざし」の介入は進んでいた。明治五年（一八七二）十月十三日、「家屋之内タリトモ目ニ触レ候処ニテ裸体、又ハ半身ヲ露ス事。但、襦袢ヲ着シ股引無之、或ハ帯ヲ着ケサルモノハ半身ヲ露スモノトス」とある。家の中でも往来から見える場所で、襦袢を着ているが股引をはいていない状態、または帯を着用していないと、「半身」を表す「半裸」と断定されてしまった(28)。

欧米人の基準で見た「裸体」は、日本の風習で「裸体」ではなく、労働着または一般的な風景であった。だが、「裸体」と見なされた褌姿等は「恥ずかしい姿」と再定義され、家屋の中にまで文明開化の影響が及んだ。ただし、厳しい取締りは、開港場や居留地周辺、首都東京で外国人の往来が想定される地域に限定されていた。

六　東京違式詿違条例「裸体」の禁止を含む同条例を外国人にも適用するのか

幕末の安政五年（一八五八）に日本が締結した修好通商条約では、明治五年（一八七二）五月以後、一カ年前の通告により、条約を改正できることになっており、岩倉使節団はアメリカに赴き、不平等条約の改正交渉に入った。明治五年（一八七二）二月三日から六月十七日まで約四カ月の歳月を費やし、会談の中で、岩倉使節側は領事裁判権を念頭においてのことだが、日本の司法制度が整ったときは、外国人にも日本の法律に従わせることを重要な争点のひとつとして提示し、アメリカ側からも法が整備され、納得のゆく裁判所ができた暁には領事裁判権を撤廃してもよいとの意見交換も行われていた。ただし、結果は周知のとおり条約の改正交渉は決裂し不調に終わった[29]。

東京違式詿違条例は、岩倉遣外使節団が条約改正交渉をあきらめ、専ら欧米の先進的な文物制度の調査に専心している最中、旧幕臣の東京府知事大久保一翁、留守政府と呼ばれた司法卿は江藤新平、外務卿は副島種臣とともに佐賀藩出身者が中心となり、矢継ぎ早に急進的な改革を断行していたその一環として施行されたものである。同条例と、取締りをする側の警察機構である巡査や番人の規則や制度は、江藤新平と司法省が中心となり整備が進められた[30]。

東京府知事大久保一翁の下、「裸体」の禁止を含む軽犯罪法である東京違式詿違条例が布達されたのは、明治五年（一八七二）十一月八日、施行は五日後の同月十三日であった。この条例が布達される三日前の十一月五日、司法省から外務省へ、日本の各国公使へ同条例を周知させてほしいと申入れがなされているのだが、その両省のやりとりから、当時の明治日本が本格的に直面することになる治外法権の問題が頭をもたげることになる。

この条例は東京府が草案を作成し、司法省と綿密に連絡をとりあって布達にまでこぎつけた条例であった。(31)司法省は布達の直前に外務省に対し「内外人民一般ニ施行無之候テハ不都合ニ付、各国公使ヘハ御省於テ御通達相成、各国人民尽ク承知致候様御取斗有之度」と、日本人と外国人の双方にこの条例を施行する必要があるので、各国公使へは外務省から通達してもらい、日本に住む外国人に周知徹底させてほしいという要望であった。取り急ぎ「先ツ内国人而巳ニ施行致置可申候」と、日本人のみ先ず施行して、各国公使への通達が終わり次第、外国人へ適用させようと考えていたようである。(32)

ところが、条例の施行を前日に控えた明治五年（一八七二）十一月十二日、司法省の明法寮権頭であった楠田英世は外務省を訪問し、「註違条例ハ現今先ツ内国人而巳ニ施行致シ置キ、外国人ヘハ追テ条約改定ノ上、一般布告候ニ付、各国公使ヘ通達ニ不及」と、現今の条約が改正された後でなければ、外国人にも同条例を適用させることはできないので、各国公使への通達は見合わせてほしいと、前言を撤回している。(33)

東京府下で違式詿違条例を既に施行していた東京府も、外国人にこの条例を適用させるか否かで判断に迷っており、明治五年（一八七二）十一月十七日に、司法省へ問い合わせをしていた。次に引用するのは司法省から東京府への回答である。「違式条例之儀者外国人ニ不相関候哉之旨御問合趣致承知候右者即今外務省ヨリ各国公使へ談判中ニ有之候依而此段御回報候成」[34]。条例の外国人適用の可否について、外務省は各国公使に交渉中であるので、決し次第、東京府へも回答するとある。留守政府としては岩倉使節団の条約改正交渉が決裂した情報は把握していたであろうが、外国人にも同条例を適用させることができるか否かについて各国公使へ交渉に及んでいたのである。

東京府が司法省へ、この条例を日本に住む外国人へ適用させるか否かの照会をしたその翌日の十一月十八日、外務省は外国人への適用について、「当今之外国條約ニテハ、外国人ハ日本の国法ヲ以処分致シ難キ筋ニテ、御差越之條例之如キ類トテモ同様之趣意ニ有之候」と正式に回答した。つまり、今回問合せがあった条例の類でも、現在の条約下においては、外国人に日本の法律は適用できないというものであった。したがって、各国公使へ日本在住の外国人に同条例を適用させるという通達は、「先相見合セ可然」という結論に達したのである[35]。

東京府下で違式詿違条例が施行された明治五年（一八七二）十一月は、岩倉遣外使節が条約改正の交渉が不調に終わり、先進的な文明や文物を学ぶことを主な目的とする調査に専心している時期であった。その最中に施行された違式詿違条例について、外国人まで適用するか否かを巡る、外務省や司法省、そして東京府の往復文書を読むと、外国人には日本の軽犯罪法までもが適用できないことを再認識し、治外法権の弊害を徐々にではあるが、感じていたのではないだろうか。日本人に対して犯罪を行った外国人は、その国の領事によって裁かれる領事裁判権が、安政五年（一八五八）の日米修好通商条約で規定された訳だが、各国公使と交渉の結果、外国人には、「この類の」条例でも適用は不可という判断を下されたのだった。

欧米諸国から日本が文明化されていないという批判や指摘を回避するため、日本の全ての階層に、欧米を基準とした文明化された軽犯罪法をつくり、それを当てはめようと施行した東京違式詿違条例であったが、日本人のみならず、同条例を作成した東京府や司法省は、施行した当初、日本在住の外国人だけ適用を除外した場合、取締りをする際不都合が生じるため、内外人民に「公平」に適用させたいと考えていたことが往復文書から明らかになった。

おわりに

デュルの『裸体とはじらいの文化史』の著書からの引用となるが、日本で教鞭をとったことのある地理学者ナウマンは、一八八六年ミュンヘンの人類学協会会員を前に講演した。そのテーマは公の場における日本人の「裸」であったが、そのナウマンの講演に医学生の森鷗外は次のように反論したという。

私はどうしてもここで、日本国内で人は〈ほとんど裸姿で〉闊歩しているという明らかな誤りを正さなければならない。膝から上を丸出しにしても罰金を食らう日本の法律（「違式詿違条例」）をナウマンは知らないのだろうか。この掟はすでに数年来日本で通用しているのだ。(36)

当時の欧米人が抱く「裸体」イメージに即して、太腿を露わにする褌姿や、上半身裸で街を歩く、日本の伝統的な労働者の姿は、「非文明的」な行為で、既に日本では「違式詿違条例」という法律で禁止されていることをナウマンは知らないと、森鷗外は反発しているのだが、それはつまり、法律が施行される以前は、欧米人のいう「裸体」が横行し、欧米人の裸体に対する文脈において日本は「非文明的」であったことを自ら認めていることになる。

鷗外の指摘は、日本が諸外国、特に欧米人からどのような「まなざし」で見られているのかを極度に警戒する典型的な知識人の反応であり、欧米人の尺度からみた日本の非文明化の発言や紹介について、欧米並みに既に日本は文明化されていると表明しているのである。

鷗外は日本の文明化を主張したが、人力車夫は外国人の目に触れない場所、つまり条例施行後の明治十年代になっても、市域を離れ郊外に出ると、上着を脱いで本来の姿に戻ったと証言するモースの体験談から、全国津々浦々まで「文明化」の影響は及んでいなかったことは明らかである。取締りの対象となったのは、諸職人、人足共の内、とりわけ車力や舂米職等の褌姿の労働者階級であったが、欧米人の視線が及ばない郊外や街中など警察官がいない場所では、厳密に守られていた訳ではなかった。

法律が施行されて十年以上経った明治十六年（一八八三）頃でも、フランス人風刺画家ジョルジュ・ビゴーが出版した『O - HA - YO』において、煙管を燻らせながら褌姿で芝居見物をする丁髷姿の男と、その隣で子供に乳をやる女性が登場する。同じくビゴーが挿絵を描いたもので時代はさらに下るが、明治二十八年（一八九五）『Shocking Au Japon』には、雨の日に裳裾を上げて太腿を露わにした女性と、着物をたくし上げ頭にかぶり、褌が露出した姿で雨の中を走る男性達が、肌を露出することに抵抗感のない日本人の典型的な風俗として描かれている。明治五年に「裸体」を取締る法律と警察機構が整備されても、実際の生活習慣は直には変わらないことの証左となろう。

道端で行われた、何気ない日常の風景であった行水や、幕末に来日したペリー艦隊一行やハリスにより「非道徳的」とされた男女の混浴は、確かに多くの外国の日本滞在記に「非文明的」「非道徳的」と驚きをもって観察、描写された影響により、東京違式詿違条例と、新設された警察機構により取締りの対象となったといえよう。しかしそれは混浴の風呂に土足で服を着たまま入り込み観察し、あるいはスケッチをした彼らの不作法な行為によって露わになった日本の風習であったことも指摘しておきたい。

取締りをする側からみた見解は、「裸体或は股脛を顕して歩行するものなきは、難有御政令の貫徹したる事と誠に雀躍の至り[37]」と、いわゆる「裸体」の検挙は歓迎すべき法律であった訳だが、一方、取締まりされる側の庶民にとっては、文明化された世の中は住み難くなったと思ったことだろう。少々長くなるが、庶民の声を代弁していると思われる重要な一節なので、明治七年（一八七四）に出版された『開化問答』を最後に引用して、本稿を終わりにしたい。

違式ダノ詿違ダノといふ名目を設け、五十六ヶ条とやらいふ罪目ありて（中略）、恰も呉服屋が商をする如く、罪科の値段を正札にて定めおき、法に触るるものあれば現金掛値なし、貸売時貸し一切不仕候と、たちまち屯所につれゆき、罰金をとりあげ、銭儲の仕業をなせる事でござる。（中略）肌ぬぎ又は裳裹げして往来するものあれば、それまた違式の罪を犯したと三歩の罰金（中略）、誰も寒中に肌をぬぐ気違はありません、熱ければこそ肌をぬぐことなれ、又裾がまつはりて邪魔なればこそ、裳を褰ることなれ、何もこれ等の事をポリスがやかましくいひて、罰金をとりあぐる筋はござり升まい(38)

注

（1）ノルベルト・エリアス『文明化の過程（上）』（法政大学出版会、一九七七年）三二八～三三九頁
（2）ハンス・ペーター・デュル『裸体とはじらいの文化史』文明化の過程の神話Ⅰ（法政大学出版局、一九九〇年）一二五頁
（3）前掲書『裸体とはじらいの文化史』一三三頁
（4）渡辺京二『逝きし世の面影』（平凡社ライブラリー、二〇〇五年）二九六～三三四頁
（5）今西一『近代日本の差別と性文化』（雄山閣、二〇〇六年）一三八～一六〇頁。奥武則は『文明開化と民衆』（新評論、一九九三年）で「開化」と「迷蒙」の対抗による民衆の文明化を東京違式詿違条例と「裸体」取締りから分析。東京違式詿違条例と「裸体」について近代の秩序形成に西洋人の視線と物差しで均質化されていく身体に言及した成沢の研究がある（成沢光『現代日本の社会秩序―歴史的起源を求めて』岩波書店、一九九七年）。
（6）百瀬響『文明開化失われた風俗』（吉川弘文館、二〇〇八年）

（7）百瀬響「文明開化期における違式詿違条例の図解による普及啓発について」（『マンガ研究七、日本マンガ学会』二〇〇五年）

（8）中野明『裸はいつから恥ずかしくなったか―日本人の羞恥心』（新潮社、二〇一〇年）、下川耿史『混浴と日本史』（筑摩書房、二〇一三年）

（9）中井信彦「寛政の混浴禁止令をめぐって―近世都市史の一断章―」（『史学』第四十四巻第三号、一九七一年）中井は、寛政の混浴禁止令は単なる風俗矯正が目的ではなく、場末の町対策の一環であったと本論文で指摘している。

（10）『ペリー艦隊日本遠征記』（栄光教育文化研究所、一九九七年）四〇五頁

（11）ハリス著　坂田精一訳『日本滞在記』中（岩波文庫、一九八〇年）九五頁

（12）ハイネ『世界周航日本への旅』（雄松堂出版、一九八三年）一三三頁

（13）前掲書『逝きし世の面影』二九八頁

（14）ねず・まさし　小池晴子訳『ヤング・ジャパン』（平凡社、一九八八年）九八頁

（15）同右書『ヤング・ジャパン』九八頁

（16）西村兼文『開化之本』明治七年、江戸東京博物館蔵資料番号八六二二〇九一三

（17）加藤祐一「文明開化」一八七三年（『明治文化全集』文明開化篇、日本評論社、一九二九年所収）

（18）同右書。

（19）同右書。

(20) 小川為治「開化問答」(前掲書『明治文化全集』文明開化篇所収)
(21) 明治五年五月新聞雑誌第四九号(石井研堂『明治事物起原』上巻、春陽堂、一九四四年、一五三〜一五四頁)
(22) 石川欣一訳 E・S・モース『日本その日その日』(平凡社、一九九〇年)八六〜八七頁
(23) 同右書『日本その日その日』八六〜八七頁
(24) 同右書『日本その日その日』八六〜八七頁
(25) 神奈川県立図書館編『神奈川県史料』第一巻制度部(神奈川県立図書館、一九六五年)三三六頁。以下特に断りがない場合は同書より引用。
(26) 横浜市役所編『横浜市史稿』風俗編(臨川書店、一九八五年)九〇〇〜九〇一頁
(27) 『東京市史稿』(市街篇五十二、一九六二年)五七五頁
(28) 『東京市史稿』(帝都篇五)七〇八頁
(29) 宮永孝「アメリカにおける岩倉使節団—岩倉大使の条約改正交渉—」(『社會勞働研究』三八(二)、法政大学、一九九二年)
(30) 留守政府については笠原英彦『明治留守政府』(慶應義塾大学出版会、二〇一〇年)に詳しい。警察創成期の成立過程と江藤新平やジ・ブスケの関与については拙稿を参照されたい。田中裕二「明治初年における警察制度創設過程についての考察—東京番人制度の成立を中心として—」(『東京都江戸東京博物館研究報告』第八号、二〇〇二年)
(31) 坂詰智美「違式詿違条例の創定過程について」(『専修総合科学研究』第十一号、二〇〇三年)

（32）第一号「司法大少丞ヨリ今般伺済ノ違式詿違条例別冊回送各国公使ヘモ通知及フヘキ旨ノ来翰」（「違式詿違条例発件一件」請求記号四・二・二・十一号）外務省外交史料館所蔵

（33）「各国公使ヘ通達ノ文取調中十一月十二日楠田明法権頭来省」（同右書「違式詿違条例発件一件」）外務省外交史料館所蔵

（34）壬申十一月十七日　司法大少丞（内閣文庫「憲法類編」第十九第一編国法部第十三巻下刑法雑犯、五十二頁）国立公文書館所蔵

（35）第二号「司法大少丞ヘ前件布達ノ儀ハ内国人ニ而巳施行シ即今外国人ヘノ布達先ツ見合可然旨回答」（前掲書「違式詿違条例発件一件」）外務省外交史料館所蔵

（36）前掲書『裸体とはじらいの文化史』一三四頁

（37）明治五年六月九日横浜毎日新聞『横浜市史稿』風俗篇（臨川書店、一九八五年）九〇二頁

（38）小川為治『開化問答』（『明治文化全集』文明開化篇、日本評論社所収、一九二九年）一四四～一四五頁

《執筆者紹介》（掲載順）

矢内 賢二（やない・けんじ）
国際基督教大学教養学部准教授。
『明治キワモノ歌舞伎 空飛ぶ五代目菊五郎』（白水社，2009年），『明治の歌舞伎と出版メディア』（ぺりかん社，2011年），『日本の芸術史 文学上演篇Ⅰ・Ⅱ』（編著，京都造形芸術大学東北芸術工科大学出版局藝術学舎，2014年）など。

田中 裕二（たなか・ゆうじ）
東京都江戸東京博物館学芸員。
『図説東京流行生活』（共著，河出書房新社，2003年），「日比翁助と川村清雄―士魂商才の経営者と和漢洋才の油絵師―」（東京都江戸東京博物館，静岡県立美術館編『維新の洋画家川村清雄』美術出版社，2012年），「三井呉服店における高橋義雄（箒庵）の美術館構想と美術鑑賞教育―欧米留学と日本美術の発見」（三田芸術学会編『芸術学』15号，2012年）など。

神田 祥子（かんだ・しょうこ）
東京大学大学院人文社会系研究科助教。
『漱石「文学」の黎明』（青簡舎，2015年），「「カーライル博物館」論―明治期のカーライル受容を視座として―」（松村昌家編『夏目漱石における東と西』思文閣出版，2007年），「「草枕」と典拠―レッシング『ラオコーン』との関わりを軸に―」（『国語と国文学』第87巻特集号，2010年５月）など。

森田 都紀（もりた・とき）
京都造形芸術大学通信教育部芸術学科専任講師。
「能管における唱歌と音楽実体の結びつきに関する一考察」（『東京芸術大学音楽学部紀要』第35集，2010年），「管楽器のふし―能管の唱歌とその機能」（藤田隆則，上野正章編『歌と語りの言葉とふしの研究』京都市立芸術大学日本伝統音楽研究センター，2012年）など。

明治《めいじ》、このフシギな時代《じだい》　新典社選書 77

2016年2月5日　初刷発行

編　者　矢内　賢二
発行者　岡元　学実

発行所　株式会社　新　典　社

〒101－0051　東京都千代田区神田神保町1－44－11
営業部　03－3233－8051　編集部　03－3233－8052
ＦＡＸ　03－3233－8053　振　替　00170－0－26932
検印省略・不許複製
印刷所　惠友印刷㈱　製本所　牧製本印刷㈱

ISBN978-4-7879-6827-2 C0321
http://www.shintensha.co.jp/　E-Mail:info@shintensha.co.jp